JN411998

가장

그 보이지 않는

가장

그 보이지 않는

배순금
수필집

수필과비평사

작가의 말

깊어가는 만추晩秋,
화려한 부활을 기약하며
발밑에서 어우러지는 떨닢 들의 노래와
진한 국향國香 속에서

글쓰기 어언 50여 년
처음, 내 반 아이의 눈물겨운 사연에
그 아이를 모델로 쓴 글이 세상 밖으로 나오면서부터였습니다

1970년대부터 2025년도 마지막 12월,
옛말에 따르면 강산이 다섯 번이나
바뀐다는 일월日月입니다
AI의 출현과 테제베처럼 빠르게 변화하는 요즈음
속절없이 저 멀리 달아나버린 시간 속에
다소 기시감이 느껴질 수도 있으리라

망설이고 망설이다
어정쩡 나만을 바라보는 그들을
그래도 꿰어서 제자리를 찾아 주면
버림받지 않았다고 생각할 것 같아
모으고 돌아보니
교단 수상, 수필, 칼럼, 교육애의 기록 등
엉성하기만 한 내 발자국들,
조심스럽고 부끄러운 마음
가득 담아 올립니다

어느 한 구절이
한 가닥의 회억이나 울림의 따스한 에너지로
고요히 스며든다면... 생각해 봅니다

이천이십오년 섣달에

裕庭 배순금

차례

1부

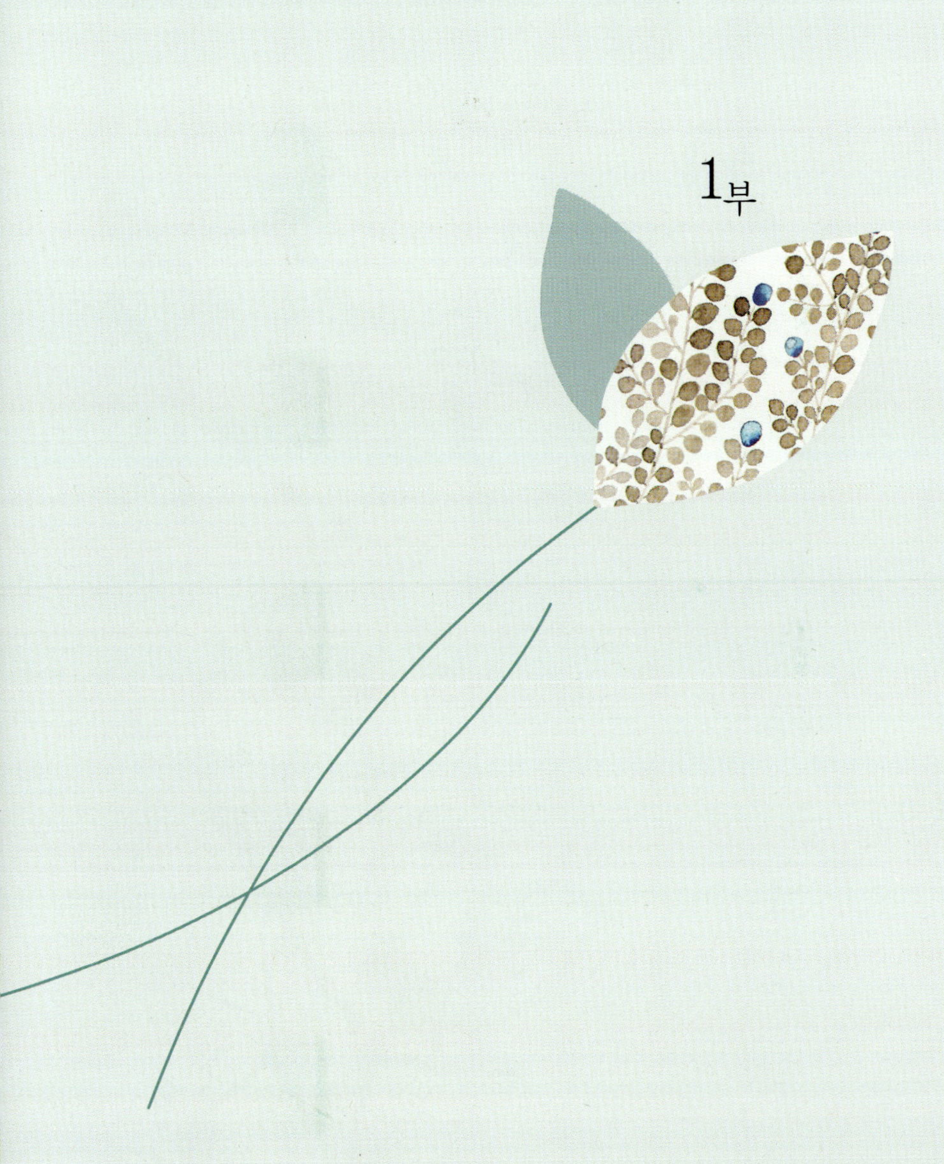

배순금작
유정

내 첫 정이 짙게 든 곳

교단에 들어 선지도 어느 새 12년째로 접어드는 것 같다.

흰 구름이 소담스레 피어나는 하늘을 바라보노라니 아이들과의 근 10여 년 간의 생활! 애환을 싣고 열차는 달려간다.

3월인데도 세찬 눈보라를 가슴에 안고 어머니와 함께 첫 하숙 짐보따리를 푼 곳이 바로 바닷가 마을이었다.

냉냉하기 한량없는 겨울바다! 눈보라와 함께 무섭게 밀려드는 파도소리에 숨죽이다가 제철을 맞이하면 또 그렇게도 풍성하게 흥청거릴 수가 없다.

무성했던 이파리들이 퇴색되어 흩날리는 가을의 바다, 이것은 곧 "죽음의 바다". 이 세상의 고독은 온통 내 것인 양 망망대해를 바라보며 눈물 흘리고 외로움을 씹으며 오직 외길, 우리

60명의 동공 속에 무엇을 심어줄까? 전심전력. 가난했지만 영특했던 급장 "차영식" 의 얼굴이 스쳐간다.

썰물 때가 되면 바닷가 모래사장에서 달리기 시합이 벌어지고 한 손엔 작살을 들고 빨갛고 입이 큰 게를 찾아다니던 그때, 예쁜 조가비도 많이 모았었는데……. 커다란 인생 파도가 한번 철썩하여 난 그만 이별을 해야했다.

섭섭했지만 내가 나서 자란 정든 고향 곁으로 오게 된 나는 기쁜 마음으로 발걸음은 가볍고…….

인심이 별로 후하지 않고 평야지대의 큰 규모의 학교였지만 내 첫 情이 짙게 든 해변 가의 그 학교가 잊혀지질 않아 한 1년은 내내 서먹서먹하였다.

처음엔 서먹거렸지만 그래도 또 뗄 수 없이 정이 들고만 학교가 바로 이 학교로써 나의 처녀시절을 온통 바치게 된 학교였다.

또 여러 가지 환경적 요인이 좋은 편인 곳이어서 아이들의 수준도 상당급이었다. "현아, 미숙이, 희경이, 상엽이, 방자, 명호들의 얼굴이 지금 곁에 있는 듯하다.

이 학교에서는 6년 반이란 긴 기간 동안 근무하여서인지 많은 정이 들었고 교사로서의 보람을, 수확을 많이 거둔 곳이다. 지금은 저기 먼 곳 경상도로 전학을 갔지만 그리기에 최고상을 탄 상엽이와 함께 "전북의 별" 을 수상했을 때의 기쁨! 상엽이는 명석했었다. "선생님 장학금 만원 타면요 제가 예쁜 목걸이 사 드릴게요" "상엽아, 장학금이란 목걸이 사는데 쓰는 돈이 아니란다." 교장선생님의 자자하신 칭찬은 내게 더욱 의욕을 불사르게 하여 계속 이곳저곳의 대회마다 최고상, 특상이 줄지어 터져 나왔을 때의 흐뭇함, 잊을 수가 없다.

손가락을 헤어보니 명호는 지금 중학교 1학년생이 되었겠다.

일순에 고아가 되어버린 두 형제 중 막둥이가 우리 반 명호였다.

언제나 축 쳐진 어깨, 눈은 아래만 보고 다녔다. 머리는 좋은 편으로 학업성적도 중지상" 그런데 나중에 알고 보니 그 곤란한 형편에 기형적으로 속눈썹이 밖을 향해 나 있는 게 아니고 눈동자 쪽을 향하여 나 있어 눈을 바로 뜨지 못하고 늘 아래만을 보고 다녔음을 알고는 교장선생님께 긴긴요요하게 사정말씀 드려서 협조를 얻고 학우들의 도움으로 안과병원에서 수술을 받던 그때, 명호는 찬란한 태양을 바로 볼 수 있게 되었고 웃음을 찾게 되었다.

난 그 때 눈물이 나도록 좋아했다. 아름다운 울음소리와 진노랑 빛 진짜 꾀꼬리를 천연 그대로 볼 수 있는 곳. 4월이면 불타는 듯 진달래가 온 산을 뒤덮는 곳, 5월이면 상큼한 아카시아 꽃내음이 하루의 기분을 상승시켜 주는 이곳, 가람 "이병기" 시조시인이 탄생된 곳, 여산은 그래도 인심은 흉흉하지는 않은 것 같다. 엊그제 그리기 대회에서 우수상으로 입상했다고 부형님은 우리 학교 직원 일동을 초대하여 웃음꽃이 피고….

전라북도연구월보 「교단수상」(1978. 7·8호)

「바쁨」이 보내준 것들…

사람들은 흔히들 바쁜 일상이 좋은 거라고 말한다.

너무 무사하고 안일하며 있으나 마나하고 그 누가 눈여겨보아 주지도 않고 또 필요로 하지도 않는 생활보다는 뭔가 작은 조바심 속에서 성취되는 큰 기쁨, 때로는 충격적인 변화 속에 쓰임새(?)가 많고 절실히 요구되는 사람으로서의 생활이 훨씬 낫다는 말 일게다. 몇몇을 제외하곤 모두들 후자 편을 지지하고 거기에 가까워지려 함은 명백한 일이다. 그리고 후자의 입장을 한층 더 빛나고 유쾌하게 해 주는 게 있다.

그렇게 이리 저리 바쁨으로 이어지는 '삶' 이란 큰 물 탱크에 적성과 취미라는 어여쁜 물감이 풀려진다면 더 한층 아름답고 쓸모 있고 보람된 결과를 가져올 수 있지 않을까 하고 생각도

해 본다.

그러다가도 한편으론 내가 싫더라도 지극히 어려운 일이라도 어떤 주어진 환경에 스스로를 투자하여 새로운 방향을 찾아보는 것 또한 나를 살찌우게 하는 길임을 난 발견한 것이다. 새로운 것들, 이방인처럼 낯선 환경의 심도가 깊으면 깊을수록 거기에 대처하려는 마음의 의지는 더욱 굳어지게 되나 보다.

청아하게 맑은 남빛하늘 아래 은빛으로 휘날리는 억새풀이 매혹적인 이 가을에 난 안으로 깊숙이 알차게 영글어가는 소리를 듣고 있다.

그동안은 부끄러워서, 또 용기의 부족으로, 또는 사고력의 부족으로, 부진하고 또 미흡했던 아이들의 발표력과 수업 참여도가 괄목하리만큼 크게 변화를 가져온 것이다. 새까만 눈동자를 초롱초롱 굴리면서 조그맣고 앙징스런 입술들을 바쁘게 움직이며 조리있게 발표하는 모습들은 과연 커다란 보람이 확인되는 순간이었다. 보람의 열매들을 하나하나 수확하는 것만 같다.

지난 학년 초였다.

금 학년도 가장 큰 교육사업으로 좀 더 창의적인 학습 방법을 연구하고 개발해서 교육의 현장에 적용하여 어린이들의 수업의 질을 높인다는 목적 하에 전라북도 초등 계에서 60명의 수업 개선 연구위원이 발탁되었다.

그중 국어과의 일원으로 내 이름도 적혀 있었다. 처음엔 별로 탐탁스럽지도 않고 어렵게만 생각되어져 연수회의를 다녀올 적마다 가슴에 떠밀리는 것은 커다란 부담감으로 지근지근 머리만 무거웠다. 그리곤 뇌리엔 온통 수업 개선에 관한 업무들만 난무할 뿐으로 근래의 신간 한 권 제대로 읽어보지 못하고, 계곡의 청정수는커녕 미끈하게 보내버린 여름 방학이었다. 엊그제 붉어진 홍시 가지를 대하고 보니 계절도 어느새 가을의 허리를 지나고 있음을 깨닫는다.

그러나 난, 거듭되는 연수와 그리고 나름대로 연구개발한 창의적인 전개안, 지도안을 짜서 수업에 임해 보니 핵심을 향해 모아지는 아이들의 사고력과 활기찬 발표는 교실에 생동감을 주었다.

아이들에게도 좀 더 진지한 태도와 자세로 임하며 교사의 발문 여하에 따라 아이들의 무궁한 잠재력이 발휘되게 하는가의 중요함을 새삼 깨달으며 학습하는 방법을 터득시켜 갔다.

2학년 꼬맹이들인 우리 반 아이들도 시간이 흐름에 따라 곧잘 따라와 주었고 한번 일어서 보려고 생각지도 않던 찬이, 둔한 남기까지도 인제는 제 의견을 발표할 줄 알게 되었다. 곧 있을 수업 공개에 대비해 오늘도 열심에 열심을 포개며, 마음과 몸이 함께 바쁜 지나간 날들과 오늘 그리고 내일!

바쁨이 주는 생활의 윤기… 가을이란 계절, 생활에 윤기를 더해준 이 바쁨은 결국은 커다란 수확을 안겨줌과 동시에 어설픈 잡념까지도 거두어 가니 일석이조의 알토란같은 보람이거늘 확실한 것은 바쁜 일상이 좋다는 것, 바로 그것이다.

전라북도연구월보 「교단수상」

출 장

밖으로 내다보이는 사물들이 모두 분주해 보인다.

스쳐 지나가는 바람도 아주 빠른 속도로 내닫고 이젠 쓸쓸해진 가로수들도 재빨리 뒷걸음질 치고, 전봇대며 기다란 전선들도 춤을 추듯 뒤로 숨는다.

고도 문명의 홍수 속에서 급증해진 대기오염 이라지만 주욱 늘어선 가로수를 누비며 달리는 기분은 숲속의 맑은 공기를 들이마시는 듯 청량하기만 하다.

그러나, 가방 메고 서넛씩 짝을 지어 등교하는 시골 아이들의 모습에 시선이 머물자 달라진 환경에 젖어있던 나는 어느 사이 내 반 50여명 아이들의 얼굴이 확대되어 옴을 느낀다.

차분하며 다소곳이 교실을 정리하고 담소하는 여학생들의 모습을 제 압하며 들개마냥 유난스러운 남학생들의 무질서한 모습이 겹쳐 온다.

순간, 나는 자리를 고쳐 앉고 지금은 많이 나아졌음에 편승하며 심호흡을 한다.

난 동료 교사들 중에도 유독 출장이 조금 잦은 편에 속했다.

꼭 내가 해야만 한다는 이런 일 저런 일 등으로 인해서였다.

교직 생활 중에 있는 이 출장이란 일은 학교일, 또는 상급 기관의 지시로 당연히 가야만 하는 가끔 있는 일이었다.

한편으로는 출장을 가는 날이면 '담임교사가 없는 내 반 아이들은 오늘 하루를 어떻게 지내게 될까?' 하다가도 '학교 측의 배려로 무사히 지내게 되겠지, 양옆 반 선생님들께서 분주히 오가며 돌봐 주시겠지' 하고 생각했다.

떨어져 남아있게 될 내 반 아이들에게는 그리 크게 부담되지 않았고 결손차시는 다른 학급보다 더 시간을 내고 성의를 갖고 이수해 주면 된다는 생각으로 별스런 의미를 갖지 않았었다.

언제이든가,

지난 초여름인가 보다.

시원한 그늘을 찾아 여유를 갖고 일기장 검열을 하고 있었다.

글씨들도 각양각색 이라 글씨만 봐도 누구의 것인지를 환히 알 수가 있었다.

차례차례 검사하는데 고운 얼굴에 비해 자형의 균형이 너무 엉망인 순주를 떠올리며 읽어 내려갔다.

그러나 뜻밖에도 그 순주의 일기는 내 가슴을 '찡' 하니 전율하게 하였다.

예리하고 영특한 순주의 일기 내용은 다음과 같았다.

주제는 '선생님의 출장' 이었다.

'우리 선생님은 출장을 가끔 잘 가신다.

오늘도 선생님이 출장을 가셨는데 첫째 시간부터 대우와 현준이가 서로 때리고 발로 차고 하더니, 나중에는 식식거리며 태권도로 덤볐다.'

나는 무서워서 책상에 얼굴을 숙이고, 귀를 막고, 눈도 감았다.

그때 '드르륵' 문소리가 나더니 옆 반 선생님이 오셔서 싸움을 말려 주셨다.

그리고 우리는 모두 벌을 받았다.

만일, 우리에게 선생님이 안 계신다면, 우리는 어떻게 될까? 나는 선생님이 출장 좀 안 가셨으면 좋겠다.

선생님이 출장가시는 게 나는 제일 싫다." 로 끝을 맺었다.

여태까지는 출장을 가게 되면 난 하나도 숨김없이 아이들 보다는 동학년 선생님들과 특히 양옆 반 선생님들께 차라리 더욱 미안스러웠다.

그런데 그토록 절실하고 충격적인 순주의 일기를 대하고 나니 아이들의 눈동자가 더욱 새롭게 느껴졌고 미안감은 배가되었다.

출장이란 당위에도 아이들의 염려가 앞서게 되었다.

난 그 일이 있은 뒤부터는 출장을 가게 되면 누군가에 의해 보충 수업이 이뤄지더라도 일과표의 과목별로 책임량의 과제를 제시해 주는 습관이 생겼다.

그 책임량의 완수를 위해서는 남학생들의 다툼질도 줄어들게 될 것이고 무질서와 혼란도 자연히 감소될 거라 생각되었기 때문이었다.

그리고는 다음 날, 빼놓지 않고 확인과정을 갖곤 하였다.

그 후로는 그 누구의 일기장에서도 그런 글귀는 발견되지 않았다.

그리고 또 한 가지는 이런 일이 있었다. 출장이 있은 다음날 아침의 아이들은 여느 날보다 훨씬 조용히 나를 맞이한다.

어제는 아무 일도 없었다는 듯이 초연히 자기 자리를 지키고 앉아 있다가 "안녕하세요?" 하는 밝은 인사말은 한층 톤이 높아진다.

이게 바로 단 하루나 이틀의 공백으로 더욱 짙어진 사제 지간의 정이라고나 할까?

기다림의 끝에서 우러나오는 기쁨일까? 반가움일까?

내일도 교실에 들어서면 아마 "안녕하세요?" 하는 밝은 목소리들이 높아지는 가을하늘 만큼이나 높아지겠지.

전라북도연구월보 「교단수상」

5월이 되면

금방 온 대지가 연록색으로 물들더니 흐드러진 개나리, 화사하기 비할데 없는 벚꽃과 함께 어느새 4월이 간다.

내 언제부터 기다렸던가!

다투어 피어나는 잎새들 사이로 그윽하고 고고한 라일락의 향기, 나를 유혹하는 계절의 여왕 5월이. 저기 푸르름을 안고 성큼 다가온다.

먼 미래의 이상을 꿈꾸는 소녀가 아니라도, 청운의 꿈을 가슴에 안은 말 탄 기사가 아니라도, 하나의 평범한 긍정적 생활인인 나에게도 설렘의 고동소리가 들리는 듯하다.

1년 중 일상의 감정과 기분이 상승일로에 있는 5월이 되면 난 교실을 좀 더 화사하고 생기있게 꾸미려 든다.

내가 늘 쓰던 창가의 테이블을 안정감이 드는 반대편으로 옮기고 환히 보이는 유리컵에 한 송이라도 깔끔하게 꽃을 꽂아 본다.

그리고 창틀의 먼지를 닦아내고 흔히 잊기 쉬운 거울도 빤지르르하게 닦고 동자처럼 붉게 상기된 내 양 볼을 비춰 본다.

집안의 가구도 좀 자리를 바꿔보고 커튼도 예쁜 무늬의 망사 커튼으로 바꿔서 길게 드리워 놓고 화분대도 햇빛을 흠뻑 받을 수 있는 남쪽 창가로 바꿔 본다.

그리고는 펜을 잡는 여유를 가진다.

어떤 연유로 인한 해후이건 나를 스쳐간 모든 사람에게 글을 띄우는 나만의 즐거움에 젖어보리라.

타향에서의 못 잊을 J교장선생님, Y교감선생님, 낭만이 풍부하시고 자상하신 K교육장님, 선배인 Y선생님, 그리고 바쁨으로 인해 1년을 연하장 한 장으로 대신했던 지인들에게 은은한 꽃향기와 풋풋한 나의 情을 담아서 띄우고 싶다.

그리고, 엊그제 인천에서 보내온 내 귀한 제자, 선자에게도 내 따스한 입김을 담아 띄워 보내야지.

『이리익산교육신문』 12호, [교단수상] (1983.5.12.)

과학입국으로 풍요한 미래를…

고도산업이 극도로 발달하고 지식과 정보의 양이 홍수처럼 밀려오며 과학의 첨단화를 부르짖는 현 추세에 비추어 볼 때 우리의 생활주변에선 낯선 생활과학이 고조되어 많은 물자 절약과 지혜 의 발현으로 바로 어제를 아득한 옛날처럼 느끼는 시대의 착란증 속에서 사는 것 같다.

새로운 과학 문명이 창조되는 요즈음 우리는 날마다 일상을 예의 주시하면서 신문, 잡지, 기타 메스컴을 통해 우리의 지혜를 가늠하며 생활 아이디어를 터득하여 보다 알찬 생활설계를 위해 혼신의 힘을 기울이며 가계를 흑자로 운영하기 위해 나름대로 짜여진 생활을 점검하여 나간다.

요즈음 현대생활은 두뇌경쟁 과학경쟁의 시대라고 하겠다.

여기에 발맞추어 우리는 우리의 주위에서 흔히 일어나는 사소한 일 한가지까지라도 생활과학의 힘을 적용하여 좀 더 편리하고 빠르고 최대의 능률을 높여 가려 함은 명백한 일이다.

그러나 우리나라의 자연환경을 돌아다보면 석유 한 방울 생산 되지 않는 지대의 나라이고 또 너무 협소한 땅덩어리의 나라로써 넉넉지 못한 자연환경을 가진 우리가 강대국의 대열 속에 끼일 수 있고 살아남을 수 있는 길은 과연 무엇일까? 거슬러 올라가서 조선시대 대원군의 쇄국정책은 가까운 일본 보다 100 여년이 나 늦은 서구의 문물을 맛보게 했고, 문과, 무과에 급제한 조정 중신들만이 벼슬하는 사람들로서 하늘같이 우러르며 새로운 물건을 만들어 내거나 팔고 사는 사람들은 저 아래로 여지없이 무시하던 옛 조상들의 사고방식에 원초적인 원인의 발단이 아니었나 생각되어진다.

그러나, 요즈음 대학입시의 두드러진 경향은 유망성 있고 탁월한 두뇌의 학생들이 지망하는 학과가 예년과는 달라져 바로 유전자 공학이었다. 반도체 산업이라는 새로운 분야가 전자산업의 혁명을 가져왔는가 하면 유전자 공학이라는 새로운 학문은 토마토 뿌리에는 감자가 달리고 가지에는 토마토가 열린다는 변종을 시도하기도 한다.

이렇게 앞만 보고 질주하는 과학첨단의 초능력 시대에 아직도 북한은 우리의 평화로운 조국에 총 뿌리를 겨누고 휴전이라는 두 글자의 불안 속에서 언제나 빈틈없는 경계태세를 강화하며 열락 속에도 일말의 긴장을 간과할 수 없는 우리 국민들에게 과학을 악용하여 전쟁도발을 획책하고 있는 것이다.

"과학은 평화를 위해서만 써다오!" 아인슈타인이 남긴 이 한마디, 과학발전은 우리 인간들에게 지상의 영원한 평화낙원을 조성하기 위한 매체이어야 하고 과학기술의 끊임없는 연마로 풍요한 미래를 건설하여야만 할 것이다.

이리국민학교신문 『정화요람』

선생님! 검은 연기가…

창을 뚫고 온몸에 스며드는 햇살은 따사롭다. 초겨울, 고사리 순 같은 어린이들은 서로서로 햇빛이 잘 들어오는 남쪽 창가에 책상을 맞춰놓고 맛있게 점심을 먹는다. 언제나 그랬듯이 한가운데쯤 저희들 선생님인 내 자리도 마련해두고…… 우리 반 교실은 교장실, 교무실과 나란히 본동사에 위치하고 있었다.

도시락 뚜껑을 여는데 5학년 여학생 하나가 파랗게 질린 채 헐레벌떡 뛰어오며 "선생님 별관에서 검은 연기가……" 순간 아이들과 나는 후다닥 밖을 향해 줄달음쳤다.

그러니까 1974년 12월 5일이었다. 아! 별관 2층에 있는 5학년 2반 교실은 아예 보이지가 않는다. 검고 진한 잿빛의 뭉게구름처럼 피어오르는 연기, 점점 왼쪽으로 5의1, 6의5, 6의4

교실을 삼키며 밀려가는 검은 연기의 행렬. 검고 붉은 불꽃이 하늘을 향해 치솟기 시작했다. 난생 처음 보며 또 가까운 곳에서 발생한 대화재로, 최악의 상황을 별로 경험해 보지 못한 난 두려움에 우리 학교가 불에 탄다는 단순한 감정에 그만 울음이 북받치고 말았다. 아이들도 엉엉 소리 내어 울고 있었다. 금방 불바다 눈물바다가 되어 버렸다. 어느새 교장, 교감선생님을 필두로 남선생님들과 나이 지긋한 엄마 선생님들은 초연한 채 빠른 동작으로 하나의 물건이라도 꺼내려고 안간힘을 쓰고 계셨다. 어느새 모여 들었는지 헤일 수 없는 학부모들, 줄줄 흘러내리는 눈물로 범벅이 된 채 책상하나, 걸상 하나라도 더 끄집어내시는 모습들은 거의가 필사적이었다. 싸이렌이 울리고 빨간 소방차가 교문에 들어서는 모습은 금방이라도 큰불을 진압시켜줄 것만 같아 크게 기대가 되었다.

그러나 성능이 좋지 못한 함열 소방차는 이층에서 아래층으로 연결되어 번져가는 불을 잡지 못하여 아동들과 학부모들, 우리들은 두 발을 동동 구르기만 하였다. 때마침 불어오는 바람에 타 들어가는 불길의 속도는 빠르기만 했다. 이리 전주의 소방차가 동원되는데 꽤 시간이 걸렸다. 그동안 우리 학교의 별관은 붉은 벽돌만을 앙상히 남겨가고 있었다.

불길을 잡고 보니 위아래 층의 나무로 생긴 것은 모두 아스라이 재로 화했고 남은 것은 색이 변한 함석조각과 붉은 벽돌뿐, 타다 남은 곳에서 나는 연기와 뜨겁게 배어 나오는 열기 그리고 하늘이 내다보이는 허망한 잔해로 죄지은 사람처럼 얼굴을 쳐들고 대할 수가 없었다.

화재의 원인은 불가사의 한데서 비롯된 것이라 언제라도 한 번은 당할 일로 판명되었지만 "자라보고 놀란 가슴 솥뚜껑 보고 놀란다" 라는 속담처럼 인제는 지극히 미소한 불에도 가슴이 떨리고 조바심이 앞서고 있다.

이 화재를 겪은 분들은 모두 그렇다고들 입을 모은다.

이 글을 쓰는 순간 난 그때 그 와중에서 잊을 수 없는 일이 있다. 어디서 그런 무서운 힘이 솟아났을까? 평소 때같으면 둘이서 셋이서도 낑낑거릴 그 큰 서상을 난 단번에 불끈 밖으로 들고 나왔다. 무겁다는 생각이 아니라 어떻게든지 들어내야 한다는 당위성의 작용이었나 보다.

또 한 가지는 우리 학부모님들의 협동단결심이 그렇게도 강할까? 그 소음, 울음소리, 사이렌소리의 소용돌이 속에서도 피보다 진한 무엇을 난 느꼈다. 그래서 책상 걸상 창틀 같은 것은 거의가 구제되었던 것이다. 그리고는 더욱 학교와 부형들과의 친밀도는 두터워졌다.

지금은 의젓한 현대식 건물로 14개 교실이 완공되어 함열국민학교 어린이들의 보금자리가 되어 있다. 시간은 흘러 간다.

화재의 두려움, 안타까움은 우리에게 커다란 교훈을 남겨 줬고, 운동장의 이 구석 저 구석 또 임간 교실 또 다른 학교의 교실을 빌려 배웠던 고통들을 까맣게 잊어가며 이제는 잊지 못할 일들로 채색되어진 추억이다. 가끔 익살스런 학부모들을 만날 때면 처녀 선생님이라서인지 제일 많이 울더라고 웃음소리를 한다. 지금은 부끄러움에 금방 얼굴이 빨개진다.

앞으로는 우리 학교에 무궁한 발전과 축복이 있기만 간절히 바랄 따름이다.

전라북도연구월보 「교단수상」

요즈음 아이들

진규는 3학년 반장치고는 아는 게 너무 많았다. 간단한 생활 영어는 물론 한자도 척척 읽어 내었다. 수업시간의 수월함을 느끼게 하는 한 부분을 차지하는 것도 아마 진규와의 호흡이었을 것이다.

네 시간이 끝나고 청소시간에 진규가 내 책상 주위를 태걸레로 밀면서 "선생님, 저는요, 한 시간 공부 끝나고 10분씩 쉬는 시간이 제일 좋아요. 짧긴 하지만 놀 수가 있거든요, 제 마음대로요" 콧등에 걸린 안경을 위로 치켜 올리고 씩 웃으며 걸레를 죽 밀고 나갔다.

언제가는 3교시 시작종이 울렸는데도 빈자리가 눈에 많이 띄어서 가만히 살펴보니 개구쟁이 남학생들의 자리였다.

'모두 어딜 갔지?' 생각하고 있는데

"있잖아요, 선생님 저기 기상대 옆에 있는 둥근 통 속에 강아지 한 마리가 빠졌는데요 꺼내 가지고 진규가 자기 옷으로 이불 덮어 주고 있대요."

"뭐? 어디 가 보자."

나머지 학생들을 조용히 하라 타일러 놓고 가 보니 그 곳에서 여남은명 되는 남학생들이 웅크리고 모여 앉아 있었다. 어미품에서 갓 떨어져 나온 듯한 아주 조그맣고 귀여운 강아지 한 마리를 풀밭에 엎드려 놓고 진규는 제 윗 옷을 벗어서 덮어 주고는 머리를 쓰다듬고 있는 것이었다.

"뭐 하고 있는거야, 시작종울리는 소리 못 들었니?" 나의 고함에 아이들을 교실로 뛰어가고 진규는 나를 살짝 쳐다 보았다

"선생님, 잘못했어요. 그런데 이 강아지가 엄마랑 길이랑 잃었나봐요, 너무 불쌍해서 그랬어요" 하며 고개를 푹 수그렸다. 진규의 다정다감한 일면을 발견하고 사간관념에 대해 이야기하면서 같이 들어 왔다.

나 그 때까지만 해도 반장인 진교가 방과 후에 컴퓨터, 서예, 태권도, 라보 등 네 군데의 학원에 다니는 줄을 몰랐다.

그런데 ......

매일 하는 일기장 검사에서 진교의 일기는 내 가슴을 '찡' 하

니 전율케 하였다. '난 언제 내 마음대로 놀 수 있을까. 지긋지긋한 서예학원에도 이젠 가기가 싫고, 라보 생님도 매일 가르쳐 준 걸 되풀이만 해서 가기 싫는데 엄마는 꼭 학원에 다녀서 오라고 하신다. 난 정말 가기가 싫은데, 난 점심시간에도 놀지 못한다. 이따가 한자 선생님께 야단맞지 않으려면 점심시간에 한자 숙제를 해야 된다. 난 내 뒤에 앉은 희동이가 부럽다. 희동이는 해 지기 전까지는 놀아도 괜찮다고 했다 희동이는 아버지가 안계신 것 만 빼고 참 좋겠다, 난 한자숙제를 하다가 운동장에서 뛰어 노는 아이들을 바라보며 눈물을 흘렸다. 우리 엄마, 아빠는 나를 잘 되게 하려고 그러시는 줄 알지만 나는 많이 많이 놀고 싶다.' 이런 내용의 일기였다.

다음 시간이 시작되어 나는 찡하던 가슴을 쓸어 내리며 진규를 슬쩍 바라 보았으나 언제 그랬냐 싶게 또 그렇게 바르고 진지할 수 없는 수업태도였다.

어린 동심이지만 바람직한 길이 어느 길인지를 제 나름대로 판단한 결과일까, 그 무수한 갈등 속에서도 진규는 용케 1등을 놓치지 않고 있으니 말이다, 대견스럽기도 하고 마음껏 펼 수 없는 동심이 측은하기도 하고......허나 어디 진규뿐일까, 요즈음 우리 나라 현실 속에 그러한 어린이들이나 그러한 학부모들이 부지기수일 것이다.

그러기에 진규러서는 10분씩 쉬는 시간이 얼마나 소중했을까, 그 황금같은 놀이시간을 오늘은 잡나온 강아지에게 할애하다가 시작종이 울린 지도 몰랐던 것이다.

고도로 발달된 각종 문명의 이기로 훨씬 편리해지고 다양해진 문호를 누리면서 살아가는 요즈음 아이들을 행복한 시대에 태어났다고 할 수 있을지 몰라도 과열경쟁 속의 입시지옥을 눈앞에 두고 남에게 뒤질세라 학교라는 문턱에 들어서기도 전부터 각종 학원에 매어서 살아가는 아이들을 보면 너무 가혹하다는 생각이 든다.

"어느 학원이든지 다니지 않고 집에 있으면 다른 아이들에게 뒤지고 있다는 생각이 들어서요."

"요즘 영어회화 못하는 사람이 거의 없대요. 모두 옛날 사람들이나 할 줄 모르지, 그리고 컴퓨터는 필수래요. 그러니 무리가 가는 줄 알지만 남에게 뒤진다는 불안감 때문에 학원을 네 군데, 세 군데 이렇게 보내고 있어요." 요즈음 학부모님들의 공통된 의식은 이렇듯 아이들에게 너무 큰 부담을 주고 있는데 그 누구가, 그 무엇이 이러한 풍토를 조성해 준 걸까.

참으로 커다란 개혁 속에서 어떤 참신한 교육정책이 뿌리를 내리지 않는 한 이러한 상황은 계속 이어질 것이고 더하면 더하지 덜하지는 않으리라. 순수한 동심은 순수할 수 있도록 감소성 예민한 사춘기 청소년들은 눈물을 흘리고 가슴도 저려보고 나래를 마음껏 펴면서 살아갈 수 있는 길은 정말 요원하기만 한 길일까.

그 무수한 갈등 속을 유영해 나가는 요즈음 아이들을 대할 때 난 참으로 장하기도 하고 용하기도 하다는 생각이 든다.

전북교육회보 제18호 「교단수상」(1993. 7.20)

글짓기 지도의 실제

짧게 한정된 지면이라서 대충 요약해 보기로 한다. 어린이들은 많은 것을 보고, 듣고, 느끼고 생각하면서 생활한다. 이러한 것들을 '나의 생각' 으로 적는 것이 글짓기이다. 이러한 글짓기를 지도하려면 한마디로 '무엇을 어떻게 쓰게 하나?' 하는 게 우선 첫 번 선결 문제이다. 여기서 '무엇' 을 고르는 일이란 곧 글이 될 감을 찾아 정하는 일이며 이것이 바로 글감 찾기 지도이다.

우리들이 겪는 일상생활의 모든 것이 글감이 될 수 있으므로 내 가장 가까운 주변의 사물, 또는 마음에 뭉클하게 잊혀지지 않는 일이나 자꾸만 머리에 떠오르는 일들을 글감으로 정하여 꾸준히 쓰는 버릇을 가지도록 한다.

서툴러도 좋다. 나름대로의 생각이 잘 들어 있으면 신선감을 부러 일르켜 주므로 좋은 것이다. 그럼 글감 찾기의 지도 원칙을 살펴보자.

첫째는 무엇보다도 글감을 강요해선 안 된다. 어디까지나 아동 스스로 찾아내어야 한다.

둘째는 삶을 리얼하게 보도록 하는 글감 찾기가 되어야 한다.

셋째는 아이들의 재능을 키워주고 생각을 깊게 해주는 글감 찾기가 되어야 한다.

넷째는 쓰고 싶은 의욕이 왕성해 지도록 하는 글감 찾기가 되어야 한다.

이렇듯 글감은 자유로 골라서 쓰도록 하는 게 원칙이다. 다음 구상의 단계로 접한다. 글감이 마련되었으면 쓰기 전에 그 글감에 대해 잘 살피고 시간을 주어 생각해서 쓰는 차례를 정해야 한다. 쓰고 싶은 것을 요령있게 차근차근 써서 남들이 잘 알 수 있도록 하기 위한 계획인 것으로 구상이 충분하면 글이 쉽게 씌어 진다고 할 수 있다.

구상지도에 있어서 거짓 스런 이야기나 어른들을 흉내 내는 글은 잘못된 구상지도이다. 다음은 바로 이어서 글을 짓도록 한다 어디까지나 느끼고 생각한 것을 그대로 순수하게 표현 하도록 지도하여 삶을 정직하게 표현할 수 있도록 지도한다. 3학년 쯤 되는 중학년 이상은 글을 첫머리와 중심과 끝의 세부분으로 나누어 쓰도록 지도할 수 있지만 자유스런 마음으로 쓰는 것이 좋다.

이렇게 해서 글이 지어졌으면 읽어 보도록 한다. 글을 다 써 놓고 보면 아무래도 고치거나 다듬어야 할 곳이 생긴다. 첨삭 즉 빼 버릴 것과 더 넣어야 할 것, 그리고 좀 더 재미있는 표현으로 글을 다듬는 과정이 필요하다 한 편의 글이 문자화되기까지에는 열 번도 넘는 퇴고과정이 필요하다는 말이 있다. 글 고쳐 다듬기가 끝나면 원고지에 옮겨 쓰도록 한다. 원고지에 쪽수를 적어 가며 원고지 쓰는 법을 익히게 한다. 지면관계상 원고지 쓰는 법과 문장 종류별 글짓기 지도에 대해서는 다음기회로 미룬다.

이리 · 익산교육신문 제19호(1984. 10.17)

자외선을 저 멀리로

쏴아~

밀려드는 파도소리, 긴 머리카락을 해풍에 나부끼며 이쁜 조개껍질을 줍고 숙이랑 함께 토닥거리며 쌓았던 모래성.

가득 실려 오는 짠 내음을 마음껏 호흡하며 무수히 찍혀간 듯 나상들의 크고 작은 발자국 위에 내 조그만 발자국을 남기며 챙이 넓은 모자에 바퀴 같은 썬글라스와 파레트를 들고 붓을 놀리던 그때!

짙푸른 가지와 잎새들이 너무나도 잘 우거져 손바닥처럼, 도화지처럼 조그맣게 내다뵈는 하늘을 머리에 이고 뼛속까지 시리도록 차디찬 계곡의 물속에 발을 담그고 좋아하던 그때!

자기가 문학소녀인양 글의 소재를 얻고자 낯선 곳을 찾아 다니고 작은 스케치 북을 옆구리에 끼고 다니며 생경스런 풍경을 스케치하고 즐거워 하며 올 여름 방학은 그 누구보다도 보람되고 알찬 한 달이었노라고 까맣게 타버린 얼굴을 들고 환히 웃던 때가 바로 작년까지의 여름 방학이었나 보다.

친구들 거의 가 결혼을 하여 두 아가의 엄마가 되어 중년 부인 같은 숙이, 재롱떠는 딸의 모습이 귀엽기 그지없다는 현, 나와는 아직 팽팽한 거리감이 느껴지는 얘기들이지만 이제는 친숙해져야 할 때가 아니 왔나 깊이 느껴진다.

지금도 역시 어디에 존재하고 있는지 모를 미지수의 그이를 생각해 보며 올 여름방학은 될 수 있으면 자외선을 멀리하여 뽀얀 살결을 그대로 간직한 채 그동안 사 모아 두었던 책 들 중 내 마음에 드는 여성 교양 전집을 완전한 내 것으로 만들어 나 자신과 앞으로 나타날 그이에게 플러스가 되도록 하자.

새교실 1976년 7월호 「나의 여름방학 계획」

2부

전라북도 미술대전

우수상 수상 작품

언제까지나 내 너를 지켜보리*

뜻밖의 편지

한여름의 작열했던 태양 아래, 녹음을 과시했던 잎새들, 울긋불긋 아름다움을 다투었던 꽃님이……

이젠 파랗게 높아져 가는 추 일색의 창공 아래 빛이 바래어지는 가로수들이 쓸쓸하니 윤기를 잃어보였다. 뜰 아래 장미원에서는 마지막 정염을 불태우듯 아직도 붉게 피어났지만 길가에 나란히 나란히 피어나는 코스모스의 가녀린 모습은 우리의 시선을 끌었고 초가을의 서정을 돋구어 주었다. 넓은 운동장에서는 곧 다가오는 운동회의 준비로 한층 무용의 손놀림에 열을 뿜던 9월 중순, 난 여느 때와 마찬가지로 연습을 마치고 흐르는

* 1976년 전국 제 12회 새교실 대상 교육애의 기록부문 3위 〈가작〉

땀을 씻어내며 레코드판을 들고 교무실을 향해 걸어갔다.

막 들어서니 학교 일을 돕고 있는 급사 명숙이가 편지 1통을 내 코 앞까지 바짝 들이댔다. 기쁨의 전령사!

이 편지란 존재는 어느 곳에서든지 우리 만인에게 한동안의 즐거움을 안겨주는 능력을 지니고 있기에 내용의 희비를 가릴 겨를 없이 우선 호기심과 기쁨에 충만 되었다. 얼른 후면을 봤으나 '준호'(?) 분명히 남자 글씨체에다 이름도 여자가 아님에 한참 동안 당혹했다.

그러다가 난 그만 편지를 가슴에 안고 깡총 깡총 뛰었다.

그리고 한 가닥 순하디 순한 얼굴이 안개처럼 피어 올랐다.

너무나 깨끗한 입학서류

아직도 먼 산에 희끗하게 잔설이 있고 가끔 몰아치는 겨울 나그네인 매서운 북풍은 우리들의 코를 빨갛게 얼려주고 어서 봄의 훈풍을 맞고 싶은 충동에 발을 동동 구른다.

3월, 흔히들 3, 4, 5월을 봄이라는 계절로 묶는다. 안타까운 봄의 기 다림을 안은 채 찬바람 속에서 오늘도 운동장의 소음 속을 헤엄쳐 나가는 나의 목소리는 산화철처럼 녹이 슬어 인제는 허스키 보이스가 되어 목소리만 듣고는 영낙없이 남자일 정도로 가관이다.

코흘리개 1학년을 맡고 보니 자꾸만 계획에 차질이 생기고 마음만 소란하고 분주하기 그지없다.

그리고 많은 학부모들 앞에서 토끼 춤, 송아지노래를 부르는 나의 모습에 어색함이 많은 듯하여 자신이 서질 않고 부끄러움이 한발 앞서 내 마음은 자주 빨개졌다. 또 교사인 내 앞에 와서는 집에서 하던 습관대로 "선생님, 이 옷 좀 입혀 줘." 하면서 들고 나오는가 하면 "종이 하나만," "왜?" "저기," 궁둥이를 한 손으로 막고 턱으로는 동쪽 화장실을 가리킨다. 엄마 교사와는 입장이 다른 나의 위치에서 과연 이 100여 개의 조그만 동공 속에 포근하고 인자한 엄마 같은 보살핌과 공동생활의 습관, 새로운 지식이 얼마나 불어 넣어 줘질지 커다란 과제로써 나의 어깨는 무겁기만 했다.

시끄럽기 그지없던 운동장이 한가한 듯, 가장자리의 푸라타나스의 그림자가 길게 드리워질 때쯤 난 입학서류들을 들춰볼 여유를 가졌다. 앞으로 내게서 새로운 지식을 깨우치고 1년 동안 기쁨 즐거움 고통을 같이하며 한방에서 호흡을 같이할 우리 반 어린이들의 생활 모습과 이름들을 한번 죽 훑어보리라.

"선생님이 내 이름을 어떻게 알고 계실까?" 하는 기쁨을 주고 싶었다. 1학년이었기에...

앞으로 1년 동안에 문자 해독 위주 교육에 얼마만큼 부형들의 관심과 협조가 있을 것이며 성과를 거둘 것인가…….

난 완전하게 우리 어린이들에게 낙오자가 없도록 주력하겠다고 다짐하면서……. 한장 한장 펼쳐지는 내용들은 별 커다란 곤란 없이 부모님 슬하에서 따뜻한 손길을 입고 자라난 것 같아 다행스런 마음을 가질 수 있었다. 김지영, 이찬호의 이름이 지나간 다음 나의 시선은 한곳에 머물러 움직일 줄을 몰랐다. '왜 이렇게 깨끗할까?' 유난히도 깨끗한 입학서류! 이름은 차명호. 나이는 7세. 주소는 소재지였다. 부모에 대한 기입란을 보았다. 아버지의 이름을 써야 할 란에는 차 준호(27세) 직업은 무, 어머니의 이름을 써야 할 란에는 아무 것도 없이 빈 칸. 아! 엄마 없이 외롭게 자란 아이가 있구나, 그리고 아빠는 굉장히 젊은데, 하는 생각에 "아, 무슨 사연이 필시 깃들여진 가정이구나" 하는 빠른 생각이 머리를 스쳐갔다.

아직도 물러나지 않은 동장군의 여운이 하나, 둘, 흰 눈송이를 흩날려 주던 다음 날도, 여늬 때처럼 바지에 상의 모자를 깊게 눌러쓰고 목에건 호루라기를 매만지며 큰 나무 밑 우리 꼬마들을 향해 걸어갔다. 인제 저희들 담임인 나의 모습을 먼발치에서도 후딱 알아보곤 "선생니임" 하며 노랑 병아리들 마냥 내 곁을 빙 둘러쌌다. 두 개 밖에 없는 내 손을 서로서로 먼저 잡겠노라고 밀치고 닥치고 고사리 손가락들이 내 손 주위를 수 없이 맴돌아갔다.

하는 수 없이 우리 공부하는 장소로 제일 먼저 뛰어가는 어린이가 가장 착한 어린이라고 손을 들어 가리키는 데 나무 밑을 바라보니 남자어린이 하나가 우두커니 서서 이쪽을 바라보고 있었다.

축 내려진 어깨가 멀리서도 윤곽이 뚜렷한 게 활기가 없는 듯 보였다. 직감에 저 어린이가 차명호가 아닐까 하는 생각이 스쳐갔다.

대강 정렬을 하고 출석을 부르는데 모두들 또렷한 대답 소리가 내 귀를 울렸다. '차명호' 호명하는 나의 눈은 어느새 축 처진 어깨의 소년에 머무르고 있었다. 푹 수그린 고개를 조금 드는 듯 하더니 모기소리 만 한 목소리로 겨우 "예" 하고는 다시 숙여진 얼굴은 보이질 않고 박박 깎아내린 둥근 머리 통뿐이었다. "예감이 맞았구나" 하는 생각과 일순, 측은한 감정이 솟구쳤다.

점점 봄기운이 우리의 주위를 감돌고 추위에 움츠리던 어린이들이 활발해질 무렵, 아직도 엄마들 손에 손에 하얀 손수건을 가슴에 단 꼬마들은 재잘거리며 등교를 했다.

그러나 내 눈에 비치는 명호는 언제나 혼자만 다녔다. 말도 잘 안했고 또래들끼리 어울리는 것을 한 번도 본 일이 없었다.

입학 조서에는 젊은 아버지가 계셨었는데, 왜 명호는 늘 혼자일까? 우리반 어린이들 중에서 단 하나 엄마 없이 자라는 어린이가 명호라는 것을 안 뒤부터는 일거일동 표정 하나까지도 내 관심의 범주를 벗어나 질 수가 없었다.

학부형 회의

하루는 우리 반 어린이들에게 다소 간의 부형들의 협조를 얻고자 잠시 틈을 내이 다녀가시라는 통지를 보냈다.

부형님들의 협조도 협조였지만 내심은 명호의 아버지 되시는 분을 뵐 수 있을까 해서였다.

그러므로 해서 명호에 대한 모든 가정 형편을 좀 더 자세히 알 수 있을 것 같아서였다. 교무실에서 직원 조회를 마치고 교실 가까이 다가가니, 웅성웅성 하는 게 열 서넛쯤 될까 일찍들 오셨다. 그런데 한결같이 자기의 자녀 곁에 앉아서 뭣인가 일러주고 얘기하는 모습들이 보였다.

나의 눈길은 명호를 찾았다. 잽싸게.... 희숙이와 나란히 앉은 명호는 역시 외톨이로 혼자였다. 실망! 오늘 부형들의 소집은 내게는 아무런 의미가 없는 듯하여 맥이 스르르 풀렸다.

모처럼의 나들이인 부형들의 옷차림은 제일 좋은(?) 옷을 골라 입고 온 듯 무척이나 화사하게 느껴졌다. 그 사이로 언뜻언뜻 보이는 명호의 차림새는 너무도 초라한 바로 그것이었다.

부형님들끼리 간단히 무엇을 의논하는가 싶더니 한 학부형 이 칠판에 다 무얼 쓰기 시작했다. 아마 한 가지씩 분담을 하는 모양이었다.

그때 '드르륵' 문이 열리고 또 한 학부형이 들어섰다. 검은 테의 안경을 낀 분으로서 한 30쯤 되어 보였다. 뚜벅뚜벅 내 앞으로 걸어오더니 소박하게 허리를 굽히며 인사를 한다.

"수고하십니다. 선생님 한번 찾아뵙지도 못하고..." 하며 말끝을 흐리는 그 학부형은 겉보기보다 퍽 애 띠었다.

"네, 오늘 나와 주셔서 감사합니다."

우리 꼬마들 중 누가 이 부형의 자녀인지 궁금한 마음에 닮은 얼굴을 열심히 찾아보고 있는데 "저 명호의 보호자 되는 사람입니다" 하는 게 아닌가.

순간 번쩍 빛나는 내 눈과 그 부형의 열적은 눈은 세게 부딪쳐 왔다.

"네에, 차명호의 아버지 되시는군요." 겨우 말을 했다.

가만히 교실 분위기를 살펴보니 이곳 조합장의 부인인 우리반 찬수어머니가 리더가 되어가지고 뭔가를 결정한 듯 하나 둘 자리에서 일어섰다. 한결같이 아무 철없는 우리 ○○를 잘 보살펴 달라는 부모로서는 지극히도 당연한 말들을 내게 남기고는 총총히 복도로 빠져나갔다.

마지막 찬수 엄마가 내 곁에 오셔서는 우리 부형들끼리 담임 선생님의 노고를 덜어드리자는 의미에서 선생님이 신경을 쓰시지 않게끔 학년 초 교실의 필수품들을 마련하겠노라고 하며 일어섰다.

고마운 마음이 가득 밀려왔다.

유복자

향긋한 분 내음이 감도는 찬수 엄마의 긴 꼬리치마가 운동장의 교문을 빠져나갈 즈음 난 대강 책걸상 정리를 했다.

그때 분명히 조그만 발자국 소리가 들려왔다. 그리곤 의자를 빼내 소리나지 않게 앉았다. 바로 명호의 아버지였다.

"선생님, 우리 명호에게도 뭣이든지 한 가지 부담을 시켜 주십시오. 너무나 외롭게 자랐기에 학교라는 곳에서는 소외 당하지 않고 1학년 5반이란 곳에 꽉 채인 소속감을 가질 수 있도록요. 네?"

사뭇 애원 조로 말을 이어가는 그의 입은 조금 떨리고 있었다. 그때까지도 난 누가 뭣을 해오기로 했나는 자세히 모르고 있었기에 "네? 무슨 말씀이신지 잘 모르겠는데요." 아마 명호네는 가난한 환경이므로 부형들끼리 미리 생각해서 제외 시킨 모양이었다.

나는 이때구나 싶어 조용히 그리고 차근차근 대화를 나누기로 맘을 먹었다. "명호 아버지, 생활해 나가시는데 애로가 많으시죠?" 그 말올 입 밖에 내놓고 나는 괜히 아픈 마음을 건드리는 듯 하여 숨을 죽였다.

그분은 피우던 담배를 만지작거리며 눈은 밑으로 내려 뜬 채 한동안 침묵이 흘렀다. "네, 선생님" 하며 고개를 든 순간 깊은 고뇌의 눈빛은 이슬이 맺혀 있었다.

붉어진 눈동자, 기어이 아픈 곳을 건드리는 결과가 되고 말았구나, 싶은 마음에 난 어쩔 줄을 몰랐다. "선생님, 언젠가는 우리 명호네를 전부 알고 계셔야 되고, 자연히 알아지시겠지만 그렇게 알아지시는 것 보다는 보호자인 제가 직접 상세히 말씀드리고 부탁드릴 것도 있고 해서 무거운 발걸음으로 나왔습니다.

선생님께 이 불행한 명호를 맡기게 되어 또 한 올의 양심이 무거운 짐을 선생님께 부여해 드리는 것 같아 괴롭습니다."

낮은 톤의 목소리로 차근차근 얘기를 이어가는 그분은 연신 담배만 줄을 이어 피웠다.

창을 건드리고 지나가는 봄바람 소리가 간혹 들려왔지만 교실은 고요가 흘러갔다.

"선생님, 저는 명호의 아버지가 아닙니다. 명호는 사실 제 동생이죠." "예?" 난 새로운 사실에 까무러질 듯한 표정이 되어 버렸다.

"선생님, 바쁘시더라도 제 이야기를 끝까지 들어 주시고 우리 명호에게 포근한 엄마가 되어 주시지 않겠습니까?" 그때 내 나이 25세, 처녀로서 그런 말을 듣는 순간은 이상하고 쑥스런 감정이었다.

"선생님, 저희 아버지께선 동지매라는 이 마을에서는 유지로서 작지만 방앗간을 경영하며 행복하게 살았습니다. 어머니, 아버지, 저, 그리고 손위 형 한 분, 그러니까 딱 형제뿐이었지요. 그러나 술을 너무 좋아하신 아버지께서는 술에서 헤어나시지 못하고 지병인 폐결핵이 더욱 악화되어 결국은 돌아가시게 되었습니다. 그때 제 나이 20세 때였습니다. 형님은 23세였죠. 하루아침에 아버지를 잃은 슬픔은 말할 수가 없었습니다. 평소 너무 깊은 정을 우리 형제에게 베푸셨기에 말입니다. 어머니께선 식음을 전폐하고 드러누워 계셨죠. 아버지께서 남긴 재산은 많은 편이었고 우리는 이 정도로 성장했으므로 경제적인 문제는 걱정하지 않아도 되었습니다.

그러나 한 가지 그때 어머니께선 몸을 가지고 계셨습니다. 나이도 많았고 생각지도 않았던 임신이었지만 어머니께선 형제뿐이니까 귀여운 딸이나 하나 낳았으면 좋겠다고 하시며 몸조리를 하고 계시는 중이었습니다. 그때가 임신 6개월 째였대요.

그렇지만 인제 아버지가 계시지를 않잖아요. 커다란 쇼크를 받은 어머니께서는 점점 여위어만 가셨고 뼈만 앙상히 피골이 상접한 슬픈 나날이었습니다.

4개월 후 어느 봄날 어머니께선 저에게 이모님을 모셔오라고 했습니다. 그날 저녁 어머니께선 약해진 몸에 무진 애를 쓰며 아기를 낳으셨어요.

"응애, 응애" 또 사내아이였습니다.

말할 것도 없이 이 아기가 명호입니다.

아빠의 얼굴도 알지 못하는 체 세상에 태어난 동생, 불쌍한 유복자! 명호! 그분은 울고 있었다. 안경이 흐려졌는지 한쪽에 벗어놓고는 눈물을 훔쳐냈다.

감수성이 남달리 예민한 나의 두 눈은 어느새 흥건히 눈물이 고여와 얼굴을 들 수가 없었다. 훌쩍 소리를 내고 말았다. "선생님까지 슬픔을 드려서 죄송합니다."

난 다시금 그의 모습을 위에서 아래까지 훑어봤다. 더벅한 검은 머리에 검게 그을린 얼굴 좋은 체격, 오리를 닮은 양 열 발가락은 모두 드러낸 채 맨발이었다. "선생님, 그러나 어머니께선 애비 없는 아기를 열심히 키우셨습니다. 젖이 부족해 우유를 먹이고 쌀가루도 먹이며, 또 다른 엄마들의 젖도 얻어 먹여 가며 튼튼히 자라게 했어요. 아빠 없이 자란다는 것을 모르는 명호가 너무나 불쌍하고, 또 불쌍했기에 그런다고 말씀하실 적에는 우리는 청년들이었지만 눈물이 앞을 가렸습니다.

돌이 지나고 아장아장 걸었습니다. 엄마를 곧잘 부르는 천진난만한 명호, 그러나 슬프게도 아빠란 어휘는 모릅니다. 3살이 됐습니다. 명호는 우리 형제와 어머니의 따뜻한 애정 속에서 그런대로 무럭무럭 자랐어요.

고아 3형제

무심한 세월은 흘러 낙엽이 한 잎 두 잎 흩날리는 가을이 됐습니다. 만추! 옷깃에 스며드는 싸늘한 바람은 짙은 가을의 냄새를, 익어 가는 가을의 감각을 호흡하게 해주었습니다.

큰 방에서는 이머니와 명호가 거처를 했고 건넌방에서 형님과 제가 잠을 자곤 했습니다. 그러나 아침이면 언제나 "명호야" 하며 큰 방으로 기어들곤 했죠.

언제나 일찍 일어나서 아침을 지으시던 어머니가 그날은 일어나시지를 않았습니다. "어머니 아침 늦겠어요." 하며 어머니 곁을 가본 순간 전 놀라서 형님을 불러댔습니다. 어머니는 싸늘하게 식어가고 계셨습니다. 명호를 안은 팔은 힘이 없이 축 늘어져 있었고 심장은 멎어 있었습니다.

제2의 슬픔! 아버지가 돌아 가신지 3년 만에 또 어머니마저

여윈 것입니다.

아버지가 돌아가셔서 얻은 정신적인 충격, 영양부족, 또 거기에다 아기를 낳아 기르고 하다보니 당신의 건강은 또 돌보지 못하고 쓰러져 가신 겁니다. 하루아침에 우리 3형제는 고스란히 고아가 된 것입니다. 한없이 울었습니다.

그 후 이모님이 오셔서 명호를 학교에 넣을 때까지 맡아 기르겠노라고 데려가셨습니다. 이 세상의 고독은 모두 제 것인 양 한없이 쓸쓸해졌습니다. 그동안 형님은 조혼이지만 살림을 돌볼 손이 없어 결혼을 했습니다. 형수님이 알뜰하니 살림을 하는 대신, 우리 집의 살림은 점점 쪼들리기 시작했습니다. 영리한 형수씨가 경제 관리를 하면서부터 어디로 팔려 가는지 논이며 밭이며 한 필지씩 남의 손에 넘어갔고 형님은 밤마다 만취가 되어 흐느적거렸습니다.

명호가 만 5세, 그러니까 보통 6세로 그때 명호는 우리의 곁으로 돌아왔습니다. 얼굴이 하얀 예쁜 어린애가 되었어요. 그런데 눈이 조금 이 상했습니다. 잘 뜨지를 못하는 것 같았습니다. 처음 형수는 명호를 참 귀여워 해줬어요. 형수님이 너무 좋았고 감사했습니다. 그것도 잠깐 돌연 분위기가 이상했습니다. 피부로 스쳐가는 느낌이 그러했습니다. 자기네들의 분신이 태어나자 명호는 개밥 속에 든 도토리 마냥 그들에겐 아무 필요가 없는 귀찮은 존재가 되었지요. 그리하여 잦은 가정불화는 계속 되었습니다. 보다못한 저는 형님과 의논을 했습니다. "형님, 우린 이제 헤어져야 할 단계인 것 같습니다." 남은 재산인 초가집 한 채와 서너 마지기의 논을 우린 똑같이 나눠 갖고 명호는 아직 혼자인 제가 맡기로 결정했습니다. 그러나 방 2개와 점포하나가 딸린 집 한 채만이 제 앞으로 남게 되었고, 형님네는 서울로 이사했죠. 그래서 지금은 명호와 저 이렇게 단둘이 살고 있습니다."

그가 명호의 엄마, 아빠, 형의 세 가지 역할을 하고있는 현실이지만 그래도 지금은 마음이 편하고 명호의 어린 마음을 상처내지 않아서 다행이라고 했다.

"명호 형님, 정말 뭐라고 위로의 말씀을 드려야 할지 모르겠군요." 정말 어려운 고비가 굽이친 그의 얼굴을 바라보니 이마의 깊게 패인 주름이 역력히 말해주는 것 같았다. "장하십니다. 정말 훌륭한 형님이시군요." 그는 커다란 바램이 있었다고 했다. 명호가 학교를 다니게 되면 꼭 여자선생님이 담임선생님이 되었으면 하는 것, 받지 못한 모정을 여선생님에게서 맛볼 수 있지 않을까 해서였다고 했다. 다음 날부터 내 눈에 비치는 명호는 더욱더 가련한 소년이었다. 어머니의 애정을 모르고 자라온 명호! 난 내 마음에 굳게 다짐을 했다. 어떤 일이 있어도 명호만은 밝고 티 없이 자라게 하리라!

따스한 애정을

명호는 항상 아래만 보고 다녔다. 둥그스럼 하고 귀엽게 생긴 순한 그 얼굴, 난 명호와 함께 있을 시간을 많이 갖도록 해야겠다고 생각했다. 1 학년이라서 4시간 수업이 끝나면 모두 집으로 돌아갔다. 난 도서담당 선생님께 부탁을 해서 1학년용 그림이야기 책을 될 수 있는 대로 많이 구했다. “명호야, 이리와, 선생님 곁으로……” 멈칫멈칫하는 명호의 태도, 선생님이 무서운지 아니면 어려운지 그냥 서 있다. 하루에 10페이지씩 그러니까 5장이다. 날마다 명호의 마음을 밝고 재미있게끔 이야기를 들려주었다. 하루 이틀 익어가는 습관이 이제 제법 나를 따르며 경계하는 눈치가 없어졌다.

신통하게도 명호는 머리가 영리한 편이었다. 한번 익힌 습관이나 학습 내용은 빤히 외울 줄 알았고 잊어버리지 않았다.

너무 귀여운 나머지 불끈 들어서 두부 장사처럼 허리에 메고 빙 돌아주었더니, 내 손을 잡고는 한 번 더 해달라고 할 만큼 명호와 나와의 거리는 밀착되어갔다. 기뻤다. 이게 바로 명호의 마음을 포근하게 해주고 맛보지 못한 모정을 비슷하게나마 느낄 수 있게 되지 않나 하는 과정인 것을 생각해 보니 가슴 뿌듯한 게 바로 큰 보람인 것 같았다. 아무런 철이 없는 명호였지만 퍽 어른스러웠다. 하루는 명호의 손을 잡고 학교 뒤에 있는 동산에 올랐다. 분위기를 바꿔볼 셈이었다. 경사는 심하지 않았으나 숨이 찼다. 명호는 내가 들고 가던 2권의 동화책을 달라고 했다. "선생님 책 좀 줘보세요" "왜? 저기 산 위에 가서 보자꾸나" 했지만 어느새 뒤에서 쑥 빼내더니 제 옆구리에 꼭 낀다. 어느새 이렇게 생각할 수 있는 명호가 되었나? 내가 그 책을 들고 가니까 숨이 차는 것 처럼 보였나보다. 좋은 방향으로 발전해 나가는 명호의 모습은 나를 기쁘게 했다.

도화지 속의 얼굴

햇볕이 내리쬐는 어느 날 오후, 교실에 남아서 숙제를 하던 명호가 내 슬리퍼 소리에도 아랑곳없이 새근새근 잠이 들어 있었다. 가만히 살짝 가서 놀래 주려니 하고 차츰 명호의 앞으로 다가가니 명호는 그림을 그리다 말고 잠이 들어 있었다.

무슨 그림을 그렸을까? 사람을 크게 그려 놓았다. 머리는 파마를 했는지 꼬불거렸고 커다란 눈에서는 눈물이 뚝뚝 떨어지는 얼굴, 저고리에 고름을 달고 있는게 분명 저 세상에 계신 엄마를 생각하며 그린 것 같았다.

"명호야, 명호야? 잠들었니?" 부시시 눈을 비비더니 조그맣게 “엄마, 엄마” 두 번을 불렀다. “선생님이야, 선생님” “선생님 우리 엄마 어딜 갔어요?” “금방 여기에 있었는데” 꿈을 꾼 모양이었다. 난 어떻게 무슨 말을 해서 이 동심을 아프지 않게 달래줄지 당황했다.

“명호야, 꿈을 꿨니? 하늘나라에 계신 엄만 명호가 공부 잘하고 말 잘 듣는 착한 어린이로 자라고 있는 걸 지금 보고 계시고 기뻐하신단다. 그러니까 잠깐 잠을 잔 틈에도 얼마나 글씨를 예쁘게 또박 또박 썼나 보고 가신거야, 명호야 넌 좋겠구나, 언제나 엄마가 지켜주시니까” 또 말없이 슬픈 그림자가 얼굴에 감돌기 전에 말머리를 획 돌렸더니 금방 웃는 얼굴이 되었다.

형의 가슴을 더듬으며…

해바라기꽃의 색깔이 점점 짙어질 무렵 서쪽 하늘엔 저녁노을이 붉게 타고 있었다. 꼬마들을 다 보내놓고 퇴근하려고 가방을 어깨에 메었다. 문을 잠그고 교문을 나와 넓게 펼쳐진 아스팔트 길로 접어들을 적에 난 꼬리를 문 여러 생각들로 땅을 바라보며 걸었다. 천천히…….

내년에는 명호를 누가 맡을 것인가? 남자 선생님? 엄마 선생님? 엄마 선생님도 좋을거야. 그렇지만 자상스럽게 돌봐줄 시간이 없어 모든 가정 사정을 환히 알고 있고 명호의 성격도 잘

아는 내가, 또 시간이 많으니까 꼭 내가 돌봐줄 수 있었으면 하는 혼자 생각에 잠겨 걷고 있는데 등 뒤에 “선생님, 이제 퇴근하세요?” 하며 달려오는 사람이 있었다.

바로 명호의 형님이었다. 명호 형님의 얼굴에서 명호의 얼굴을 찾아볼 수 있을 정도로 형제는 닮고 있었다. “선생님, 감사합니다” 허리를 90도 각도로 굽혀 절을 했다. “요즈음은 명호가 굉장히 밝아졌어요. 자다가 인제는 울지도 않습니다. 선생님, 이 모든 게 선생님 덕분이 아니겠습니까? 선생님, 약소 하지만 차라도 한 잔 대접해 드리고 싶습니다.” 조그만 읍지인 이곳에는 다방이 두 세 군데 있었다. 나는 막차 시간이 늦어질 염려에 대접 받은거나 다름없노라고 사양하며 고마움을 표했다. “선생님 그렇지만 명호는 밤이면 제 가슴을 더듬으며 칭얼댑니다. 다른 것은 몰라도 이것만은 제가 어떻게 할 수 없드군요” 하며 코를 쑥 빠치는 모습은 또 한 번 가슴을 찡하니 울려 주었다. 엄마의 품을 그리는 잠재적인 명호의 행동, 엄마의 따뜻한 정을 그리는 본능적인 명호의 행동은 밤에 잠을 자다가 연출되곤 했는가 싶었다.

세상은 불공평하다. 명호에게서 엄마를 너무 빨리 앗아간 것이다.

결석한 명호

일제 고사를 치루는 날이었다. 출석 점검을 하는데 결석 한 번 해 본 일이 없던 명호가 결석을 했다. 같은 동네인 동지매에 사는 현숙이가 "명호 아프대요, 그래서 오늘 학교에 못 온다고 했어요." "그래?" 어디가 아픈 것일까 전화도 없고 마음만 다급해졌다. 하루 일과를 마치고 나는 급히 현숙이를 데리고 명호의 집을 찾았다. 난 평소 명호가 곧잘 먹던 카스테라를 큰 봉지로 하나 가득 샀다.

소나무 길을 따라 몇 굽이를 꼬불거리며 나와 보니 하얀 저녁 연기가 모락모락 나는 마을이 눈앞에 펼쳐졌다. "선생님, 명호네 집이 제일 가난해요. 그리고 엄마도 아빠도 하나도 없대요." "현숙아, 그런 말은 좋은게 아니야, 함부로 하면 못쓴다." 흙으로 담을 세운 어떤 집 앞에서 우뚝 멈춰서더니 "선생님, 여기예요." "그래?" 조금 살펴보고는 "명호야, 명호야" 적적한 토담집 속에선 아무런 인기척이 없었다. 그 앞에 이발소가 있기에 "명호네 집이 여기 맞지요?" 이발사인 듯한 사람이 나와서는 "예 맞습니다. 그런데 집에 없을걸요? 눈이 아프다고 펄펄 뛰어 이리(裡里:지금의 익산)로 병원에 간다고 갔어요. 형이 데리고 갔지요. 이리에 갈 차비와 치료비 때문에 여지껏 구하러 다니다가 이제야 갔답니다."

명호에게는 왜 이다지도 불행한 일이 많이 겹쳐오나 가슴이 찡해왔다. 현숙이는 너무 늦으면 집에서 기다릴까 봐 먼저 보내었다. 그리곤 마루끝에 앉아 명호 네가 올 때까지 기다리기로 했다.

땅거미가 지고 어둠이 스물거릴 때 동네 한가운데엔 하나씩 둘씩 빨간 전깃불이 켜지고 있었다. 기다리는 내 마음은 초조와 불안, 항상 눈을 아래로 뜨고 다니던 명호의 모습이 크로즈업 되어와 가슴이 조여졌다. 제발 가벼운 증세이기를 염원했다. 밖에서 웅성거리는 소리가 들리더니 "선생님" 하면서 명호가 뛰어 들어오고 뒤이어 형이 들어왔다.

눈알이 충혈되어 붉은 핏발이 가득 서 있었다. "왜 갑자기 눈이 아팠어요?" 하는 내 물음에 "진즉부터 아팠지만 별스런 게 아닌 줄 알고 무관심했더니, 일이 커졌습니다. 애초부터 아래 속눈썹이 기형적으로 났대요." 의사 선생님의 말씀은 대강 이러했다. 많은사람들의 속눈썹이 날 적에는 밖을 향하여 나는 게 정상인데 명호는 완전히 반대였다는 것이다. 아래 속눈썹이 눈동자를 향해서 자랐기에 그같이 까실한 속눈썹이 자꾸만 눈동자를 찌르고 있어 눈을 잘못 떴고 언제나 충혈된 채 눈곱이 끼어 있었다는 것이었다.

어린 것이 그간 얼마나 아팠을까? 아프다는 말 한마디 하지 않고, 난 명호의 볼을 매만졌다. "그럼 수술비는 얼마나 된대요? 하는 나의 물음에 명호 형님은 수술비 약값 모두 합해서 3만원 쯤 소요된다고 했다며 긴 한숨을 내쉬었다. 난 일어섰다. 너무 염려 말고 잘 있으라고 일러두고 밖을 나오니 캄캄한 게 칠흑 같았다.

수술비의 마련

난 우리 집이 이리시에 있었기에 통근을 했다. 기차로 20분, 플랫포옴을 빠져나와 난 바로 명호 네가 다녀갔던 안과를 찾았다. 낮에 왔다 간 명호이야기를 하니까 금방 알아보고는 "아, 그 학생의 담임이시군요. 성의가 대단하십니다." 증상이라든지 모든 것은 잘 알고 왔기에 내심은 수술비를 좀 감해 줄 수 없겠느냐고 타협을 해 볼 생각이었다. 명호네 가정 형편 등 눈물겨운 사연을 들은 원장은 수술비 약값을 반값으로 봐주겠다고 선뜻 승낙을 해주었다. 난 뛸 듯이 기쁜 마음에 "원장님 감사합니다. 정말 감사해요." 내가 생각하고 있는 바가 성취되어 무한한 기쁨을 안고 병원 문을 밀고 나왔다. 다음날 아침, 기쁨의 연속! 우리 명호. 복덩어리였는가? 직원 조회 석상에서 이런 이야기가 나오는 게 아닌가, 본교의 보이스카웃 어린이들이 불우학우 돕기 가두 모금을 벌이고 있으니 각 반에서는 불우아동의 명단을 적어 1교시까지 제출하라는 것이었다. 난 바로 교감 선생님을 찾아서 그동안의 경위를 상세하게 보고하고 지금 현재 처해 있는 딱한 사정을 낱낱이 말씀드렸다.

그리고는 수술비의 반절인 1만 5천원이 꼭 필요하다고 말씀드렸다. 교감 선생님은 교장 선생님께 의논의 말씀을 드려서 결과를 알려주겠다고 하셨다. 난 기도를 성스럽게 올렸다. 명호를 위한 절실한 마음의 기도를 드렸던 것이다. 교장 선생님의 폭넓고 인자하신 성격은 꼭 승낙해 주실 것으로 추측하고 있었으나 막상 승낙하셨다는 전갈에는 감격의 눈물이 핑그르르 돌았다. 내일은 명호가 수술을 하러 가는 날이었다. 대강 몇 가지 용구들을 준비해서 명호, 명호형님, 교장선생님과 나는 이 안과를 찾았다. 원장님의 말씀은 그리 커다란 병이 아니니 걱정은 하지 말라고 우리를 안심을 시켰다. 안에서 수술이 시작되었다. 복도에서 서성이는 나의 마음은 어린 명호가 얼마나 아플까 하는 안타까움과 무사히 성공적으로 수술이 끝나주기를 간절히 기도하고 있었다.

수술 후 몇 시간은 누워있으면서 눈을 비벼서는 안 된다고 했다. 곁에가서 자세히 보니 눈썹 밑의 살을 메스로 째어서 그 아래의 근육에 이어 붙이는 수술이었다. 과연 명호의 속눈썹은 내 것과 꼭 같이 인제 밖을 향하고 있었다. 오후 6시쯤 되었을까? 인제 일어나서 걸어가도 좋다는 원장님의 말씀대로 집으로 돌아왔다. 난 내가 하나의 생명을 바르게 고쳐준 값있는 일을 한 사람마냥 마음은 부풀어 들떠 있었고, 교단 생활 5년 만에 겨우 내 마음의 일기장에 기록할 만한 가치가 있는 일을 했노라고 자부하고 싶었다.

내 곁을 떠나가는 명호

그 후 만 1개월이 지났을까? 명호의 형님이 학교를 찾아왔다. 서울로 전학을 해야 할 형편이라고 전했다. 서울로 간 형님네가 인제 좀 사정 이 좋아졌으니 준호랑 명호랑 같이 살자고 편지가 왔단다. 명호가 내 곁을 떠난다는 것은 애석하고 불안스러운 일이었지만 부모의 역할을 하는 제일 맏형이 함께 살자고 올라오란다는 말에는 기쁨이 앞섰다. 그리하여 명호는 울면서 자꾸만 뒤를 돌아보면서 내 곁을 떠나갔던 것이었다. 명호 형님 역시 눈이 붓도록 울어 쌌다. 이 은공을 어떻게 언제 갚는 거냐고....

교장 선생님, 교감 선생님께 마지막 인사를 하고는 떠났던 것이었다. 지금은 서울의 변두리지만 단란한 가정생활을 하고 있고, 명호도 벌써 3학년이 되었으며 언제나 명랑하고 활발해서 모든 사람들의 귀여움을 받으며 티 없이 자라고 있다고 적혀있었다. 또 한 장의 편지는 명호가 쓴 것이었다. 글씨도 또박또박 한 게 내 곁에 있을 적과 비슷했지만 명호를 대하는 듯하여 반갑기 그지없다. 인제 지나간 날의 아름다웠던 그때를 생각하며 명호와 명호 형님에게 긴긴 이야기의 답장을 써야겠다.

1976년 전국 제 12회 새교실 대상 교육애의 기록부문 3위〈가작〉

3부

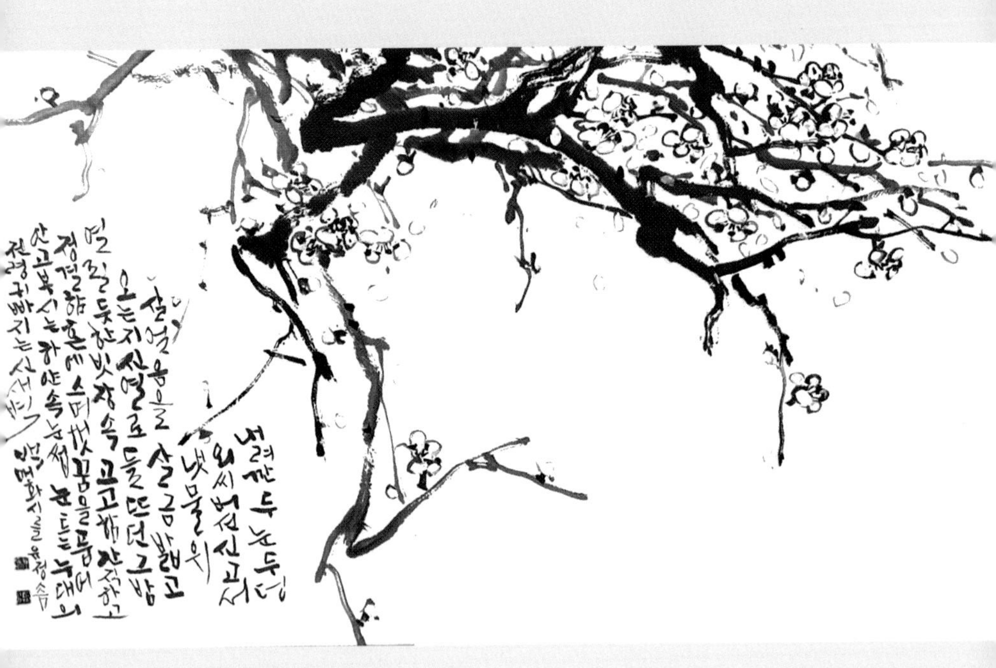

넘려간 두 눈두덩
외씨버선 신고서
냇물 위
살얼음을 살금 밟고
오는지 신열로 들뜨던 그밤
열릴 듯한 빗장 속 고고해 잠적하고
정결한 혼에 스며 햇꿈을 곱더니
산고 부시는 향야 속 눈썹 한 들 누대의
전령 귀빠지는 신새벽
매화시를 유정 씀

무사한 한 해이기를

소리 없이 내려앉는다. 하얀 눈이, 나풀거리며…

쥐띠인 나의 해를 맞아 소복이 푸짐한 복을 안고 내려 쌓이는 것만 같다.

설혼 세 번의 제야의 종소리를 뒤로 하고 다시 또 하나 두꺼운 세월의 나이테를 그리며 사라져 간 계해년.

너무나도 가혹했던 지난해를 돌이켜 본다. 모진 아픔, 벽력치 듯 잇달아 날아들었던 비보에 우리는 찢어지는 듯, 난도질 당하는 듯, 가슴이 아팠다.

KAL기 사건의 상흔이 채 아물기도 전에 날아든 아웅산의 비극은 회상조차 역겹다. 우리의 곁을 떠나간, 어두움 속으로 사라져 간 정다운 얼굴들, 어디서 무엇이 되어 다시 만나랴, 다시

비통함으로 저며 오는 이 순간, 피가 역류하는 듯하다.

지난해는 정말 어수선하고 잔인한 한해였다.

세계는 잔악한 공산주의자들의 테러리즘의 공포와 그 위기 속에 숨을 몰아쉬고 있다.

날이 새기가 무섭게 여기저기서 테러범들의 폭발사건이 우리들을 섬짓하게 만들었다. 이렇게 여러 가지로 복합되어 지난 1983년은 우리에겐 시련의 한 해였다. 그렇다고 무조건 닥쳐진 운명의 시련이니 달게 받아야 된다는 자세는 바람직하지 못하다.

이런 어려운 시기를 슬기와 인내로 이겨내면서 우린 이 쓴 약을 양약으로 환원시킬 줄 알아야겠다.

잃는 것이 있으면 얻는 것도 있기 마련이다. 어려운 환경에 부딪쳐 우리의 힘과 슬기를 시험받았다면 우린 인내를 배웠으며 민족자존의 존엄성을 배웠다.

그리고 오직 강해 져야 한다는 일념아래 총화만이 살길이라는 것도 터득했다.

갑자년!

모든 게 새로 시작되는 해인 것처럼 실의와 좌절이 있다면 티끌까지도 떨어버리자. 동녘엔 줄기찬 여명의 번득임으로 나의 마음, 우리 국민들의 마음에 생기를 주고 희망을 주고 미래를 밝게 해주고 있다. 따뜻한 애정과 한줄기 소망이 있는 한, 우리에겐 밝고 힘찬 내일을 낙관할 수 있다.

일찌기, 아버지를 잃고 청소부인 어머니의 월급으로 근근히 가늘게 생활해 온 가난한 아들은 대입 학력고사에서 당당히 전국 1위의 영광을 안았다.

국민학교 여교사를 어머니로 태어난 장한 아들도 전국 1위의 월계관을 썼다. 자가용에 실려 등하교를 하는 어느 부유층이나 고관대작의 아들이 아니라도 모든 게 호조건이 아니었던 게 현실인 평범한 서민의 아들이었어도 거침없이 모두를 물리치고 실력과 실력으로 영예의 톱을 차지한 것은 가난함과 외로움의 우리 서민층의 이웃들에게 커다란 가능성을 시사해 주는 밝은 등불이 되어줬다.

가슴 저 깊은 곳에서부터 차오르는 기쁨으로 너무너무 흐뭇하다. 세찬 눈보라도 그만 훈훈해져 녹아내리는 듯하다. 난 올해 1학년에 입학 할 큰 아이에게 ㄱ, ㄴ, ㄷ 등 우리글의 기본이 되는 자음 모음의 카드를 만들어 보여 주면서 얘기한다.

"대선아, 어떤 고등학교 형아는 우리 대한민국에서 시험에 1등을 했는데 그 형아 네 엄마도 대선이네 엄마처럼 국민학교 선생님이래."

"그래? 엄마, 나도 꼭 1등 할래."

환히 웃는 큰아이의 티 없는 웃음에 그만 나도 따라 웃으며 인제 나도 학부형이 되면 더욱 바빠지겠구나 생각해 본다.

주이슈 마더들처럼 자녀들의 올바른 교육에 최선의 힘과 슬기를 쏟자. 나부터 강인한 마음의 자세와 정신력을 갖고

"선생님 말씀을 들어야 한다. 선생님이 시키는 대로 하고." 라는 강압적이고 수동적인 조언보다는

"훌륭한 선생님을 만나게 된다, 모르는 게 있으면 무엇이든지 여쭈어 봐라 큰소리로, 씩씩하게…." 라는 적극적이고 능동적인 조언을 해주자.

미지의 세계에 의혹이 강하고 호기심으로 가득한 작은아이의 꼬리에 물고 이어지는 질문을 앞서는 귀찮음에 일축해 버리기도 했던 일들은 얼마나 무성의한 자격 잃은 엄마의 소행이었던가.

「배드 사이드 스토리(Bed side story)」 잠자기 전에 침대 곁에서 꼭 책을 읽어 주어 탐구력과 어휘력, 상상력을 키워주었다던 유태의 본받을만한 어머니들의 가정교육이 새삼 떠오른다.

장차 나라의 기둥이 될 어린 묘목들의 교육에 충실해야 함이 우리나라를 더욱 속살이 통통히 찌게 하는 길인 것임을 우리는 절감한다.

새해의 찬란한 아침, 갑자년을 맞아 속으로 알차게 다져지는 우리 사회가 되어 줬으면, 우리들의 조그만 가슴을 날이 새면 깜짝 깜짝 놀라게 하는 대형 참사들일랑 1984년엔 제발 없었으면.

북괴의 잔악한 발악도 이제는 통할 수 없는 빛바랜 옛 이야기인 줄을 그네들은 언제쯤이나 깨닫고 자성하게 될까?

갑자년! 쥐띠 해, 작은 동물이라서일까?

웬지 조용히 다가와서 무사히 지날 듯싶은 마음 위로 포근히 눈은 내려 쌓인다.

[교자문원] 〈추천 1회 · 수필〉 (1984.4.)

보이지 않는 사랑

추석이 지난 어느 날, 직행 버스를 타고 가는 도중, 차창으로 보이는 은빛 억새풀 숲의 매력에 난 그만 '아' 하는 감탄사가 저절로 나왔다.

금방이라도 흐드러져 피어 버릴 것만 같은 은빛 억새풀. 한 2, 3일 후면 은발 휘날리며 절정의 여울을 드리우겠지.

난 저 샤-틴보다 더 매혹적인 은발의 숲을 겨울 후조 나르는 하늘을 배경으로 화폭에 담아 보리라.

이틀 후, 연휴가 겹치는 첫 날, 스케치 도구를 챙겨 가지고 막 출발하려는데 '따르릉-' 요란스레 전화벨이 울렸다.

서울로 시집간 친구 현이가 내려왔다는 전화였다.

현의 하향으로 우선 맞아야 하는 반가움과 바쁨 때문에 모처럼 벼르던 스케치는 조각이 나고 말았다.

설상가상으로 오후 늦게부터는 세찬 바람까지 어지럽게 불어 댔다.

지금쯤 활짝 피었을 억새풀의 흐드러진 자태를 떠올려보니 그 순간을 놓치는 것만 같아 안타깝기 그지없고 또 이 세찬 바람에 그 아름다운 자태가 난잡해져 버리면 어쩌나, 마음은 공허해지고 밖을 서너 번 들락날락, 안절부절, 소중한 연인을 잃어버리는 듯 한 아픈 가슴인 채 잠도 설치고 말았다.

어서 날이 밝기만을 고대고대 하다가 슬쩍 잠이 들었나 보다.

새벽녘에 나가보니 바람은 멎었는데 날씨가 흐리고 정말 맘에 들지 않는 날씨였다.

'곧, 구름 걷히고 쾌청해 지겠지.'

다행히 해는 반짝 떴고 밝은 햇살은 마음의 어두움을 말끔히 씻어 주며 직행버스에 오르는 나의 발길은 경쾌하기 이를 데 없었다.

그 곳에 도착한 나는

– 아! 깃 달고 나르는 조그만 곤충들 마냥 바람결에 흐느적거리며 흩날리는 억새풀들 –.

기대는 꺾이고 금방 착잡한 심정이 되어 버렸다.

내 마음을 감동시켰던 휘날리듯 멋지던 은발의 숲,

멋지게 흐드러졌을 모습을 상상해 보며 날이 새기가 바쁘게 이렇게 달려 왔건만 그의 분신들을 밟게 된 나의 심정은 금방이라도 울음을 터뜨릴 것만 같았다.

그러나, 난 여기 보이지 않는 사랑이 숨 쉬고 있음을 발견한 것이다.

그렇다.

'다시 돌아 올 내년의 쪽빛 하늘에 너와 꼭 같은 은발의 숲을 또 다시 더 번창하게 가꾸기 위한 위대한 전주곡이 여기 이렇게 넓게 뒹굴며 퍼져 가고 있구나'

자연의 섭리 앞에 순응하며 떨어져 퍼져 나간 은빛 억새풀들 속에 숨겨진 성스런 비밀, 이 보이지 않는 숭고한 사랑의 모습을 내 어찌 다 말할 수 있을까.

진즉이 보이는 모습보다 보이지 않는 모습 속에 더 절실한 진실과 성스러움과 매력이 있음을 싸늘해지던 지난 가을날 은발 휘날리며 나를 매혹 시킨 억새풀이 나에게 가르쳐 준 교훈이었다.

이틀 사이 세찬 바람의 흔들림 속에서 어지럽게 변해 버린 모습을 난 몇장 스케치 해 가지고 돌아왔다.

지금 우리 반 자모님들 중에 지훈 네와 문철 네는 둘째가라면 서러워 할 만큼 자녀의 교육열에 대단하다.

두 엄마는 퍽이나 대조적이다.

지훈 엄마는 지훈이 딱 하나 뿐이어서인지 너무너무 과보호를 하는 편으로 만나면 만나는 대로 장소에 개의치 않고 얼굴을 부비며 안아주고 책가방도 들어다 주고 "이것 먹어라, 저것 사줄까?" 하는가 하면 문철엄마는 막둥이로 얻은 귀한 외동아들이건만 이지적이고 냉담하리만큼 잔정에 인색한 편이나 보이지 않는 정과 관심으로 뒷바라지에 소홀함이 없다.

지금 지훈이와 문철이는 우리 반 아이들 중에 둘다 톱을 다투고 있는 아이들이다.

이 두 아이를 견주어 볼 때 어머니의 가정교육은 과연 둘 중 누가 더 이 사회가 필요로 하는 인간으로 성장하게 할지는 아직 확실히는 알 수 없다.

난 보이지 않는 모습의 대변자 성 · 어거스틴의 어머니 모니카를 생각한다.

어머니의 눈물이 마르지 않아 눈이 무른 이유를 모르면서도 탕아인 어거스틴은 훌륭한 아들이 되어 어머니 앞에 나타났다.

사랑하는 아들을 위해 보이는 사랑보다 보이지 않는 사랑을 주며 인내와 눈물이 담긴 참다운 애정을 쏟을 때 사랑한 만큼의 자녀로 성장함을 알게 되어 진다.

스승이 제자를 가르침도 깊은 애정을 담고 가르칠 때, 또 그런 가르침을 받은 제자가 많아질 때, 국가의 번영과 행복은 뿌리를 깊게 내릴 것이다.

보이지 않는 모습의 모정 때문에 성자가 된 것처럼 뵈지 않는 사랑이야 말로 더 깊은 생명이요, 진리요, 자연이요, 예술이며, 뜨거운 사랑인 것이다.

이 깊고 아늑한 진리를 터득케 하고자 친구 현이 그 날 따라 하향했었고 세차게 바람도 불었었나 보다.

[교자문원] (2회 추천 · 수필)

잃어버린 핸드백

"휴우 ― ."

분주했던 일상들이 제자리를 찾은 듯이 풍요롭고 따사로운 햇살이 오후 한나절을 부시며 다가온다.

포근하다는 느낌과 함께 지난 가을 운동회 연습 때의 일을 떠올리며 생각에 잠긴다.

살아가는 데 있어 언제 무슨 일이 생겨날 지 예측키 어려운 날들…….

지나간 날들이 보람과 다행이라면, 희망과 예기치 못함으로 다가올 세월의 시공들.

불란서의 유명했다던 예언가, '노스트라담스' 가 생각난다.

난 가끔 내일 있을 일을 미리 예시라도 해 주듯 영악스런 꿈을 잘 꾸는 편이었다.

어쩜 그리도 잘 결부가 되며 어떤 일이 꼭 이루어지기 위한 꿈들이라도 되는 듯했다.

그런데 어쩌면, 가슴 섬짓하며 한동안 경악스러울 수밖에 없었던 이번 일은 잡티 하나 앉을 수 없는 순백의 종이처럼 아무런 예감도 부여되지 않았고, 꿈도 꾸지 않은 채 맹숭맹숭하고 순조롭게 일어나고 말았을까?

감나무 잎이 붉게 물든 지도 오래다.

하나, 둘, 쌓여져 발끝에 딩구는 가랑잎들도 화사한 내년 봄을 기약하며 소근거린다.

아이들의 얼굴을 본다.

1학년짜리 동심들을 본다.

까맣게 반짝이는 영롱한 눈동자들을 본다. 조그맣고 귀여운 앙증스런 입술들을 본다.

2학기에 접어들면서 부턴 좀 어른스러워진 어린이들도 있지만, 아직도 유아음 섞인 목소리들이 설왕설래 감미롭게 접해 온다.

순진무구한 표정들,

영주도 그렇고, 성호도, 진희도, 다운이도, 학균이도…… 모두들 한결같다.

순진하기 이를 데 없는 것들,

물먹은 듯 반짝이는 고운 눈동자들,

여느 때처럼 그날도 난 호루라기에 운동모를 눌러 쓰고 몸이 불편하여 남아 있기를 원하는 두 어린이만을 남겨 두고 운동장으로 막 달렸다.

그때였다.

학균이 엄마가 "우리 학균이가 편도선 때문에 열이 높고 기운이 없으니 교실에 남아 있게 해 주세요." 라면서 달리는 나의 발길을 멈추게 했다.

"그럼 그렇게 하세요. 많이 안 좋으면 하루를 편히 쉬게 하시든지요."

해서 세 어린이가 교실에 남아 있게 되었다. 그들은 못다 풀고 남은 자습 문제를 풀고 교실도 지키며 남아 있었던 게다.

"차렷, 열중 쉬엇."

"하나 둘, 하나 둘, 영차영차."

참새 떼처럼 귀여운 목청들은 높아진 파란 하늘 속으로 퍼져나갔다.

운동장에서 이루어지는 체육 시간은 한눈 하나 팔지 않는, 그야말로 100% 완전 학습이다.

붉게 상기된 얼굴들은 더욱 귀엽고 천진스럽다. 땀도 흠뻑 흘렸다.

운동장에서의 연습은 2교시로 마치고 우리 1학년 교사들은 음료수로 목을 축이고 교실로 들어 왔다.

흘린 땀을 닦으려 핸드백을 찾는 순간, 언제나 다소곳이 있던 핸드백이 보이질 않는 거다. 좀 체로 찾기엔 힘이 들었고 나만이 아는 깊숙한 비밀스런 그 곳, 천연덕스럽게 그 여러 날들을 하루처럼 있어줬던 그 곳에는 공허와 주인을 배반한 듯, 냉기만이 감돌 뿐, 빈 공간이었다.

"성호야, 진희야, 학균아, 선생님 핸드백 못 봤니?"

놀람과 허탈에 뒤범벅이 된 채 난 애들 이름을 한꺼번에 불러대며 물었다.

진희의 커다란 눈이 더욱 커지며,

"어떤 큰 언니가 와서요, 너희 선생님이 핸드백을 가져 오랬는데 어디에 있니?" 하길래 성호와 진희는 모른다고 했고 평소 앞자리에 앉았던, 편도선 때문에 오늘 처음 남아 있었던 학균이가 "응, 난 알아, 저 속에 있어." 하며 직접 꺼내 줬다지 않은가.

"아차." 싶어졌다. 맨 앞자리에 앉았기에 내가 슬쩍 모르는 사이에 넣은 그 백의 은신처를 학균이가 보았던 모양이다.

"얼굴은 어떻게 생겼고 무슨 옷을 입었더냐?"

인상착의를 물었으나 이미 시간은 경과될 대로 되었고 찾을 길은 묘연했다. 어린 것들도 뭔가 잘못된 이 일에 그저 두려움뿐 인 듯 표정이 굳어져 있었다.

그럼 이번의 이 과오는 과연 누구에게 돌아가야 할 죄악인가?

그날은 봉급 다음 날이었기에 현금의 액수는 더욱 많았고 또 예금 통장, 또 내 정이 깃든 반지도 두 개가 있었으며, 또 여러 공인된 증서들도 다섯 가지가 넘었다. 또한 내 손때 묻은 조그마한 사랑스런 물건들. 서울로 이사 간 친정 집 새 주소, 친구, 지인들의 명함, 주소 전화번호 등등 나의 산실이나 다름없었는데……. 또 정들었던 통가죽 핸드백이 한 순간에 눈에 보이질 않으니, 꼭 금방이라도 곁에 있는 듯한 착각, 피가 역류하는 듯한 경악감에 한동안은 말을 잊었었다. 그러나 다소곳이 마음을 가라앉히고 생각했다.

순진무구한 어린 것들.

우리 어린 것들에 죄가 있다면 순진무구한 죄일 뿐……

이 순백의 고결한, 우리 꼬마들의 마음.

그 어떤 큰 언니의 언행이 정의로운 것이 아니었음을 안 순간, 새하얀 무명천에 한 방울 색깔 있는 물방울이 떨어져 번진다는 생각이 들었을 때, 벌써 이 오염된(소수이겠지만) 사회의 비리, 한 단면을 맛보아야 했음에 난 가슴 아팠고, 또 한편 날로 수법이 지능적인 몇몇 사람들의 정의롭지 못한 언행에 조금은 단련되어질 수 있는 마음가짐이랄까, 득과 실을 고루 얻을 수 있는 기회가 되었다고 생각이 되었다.

내 핸드백을 자기 것인 양 유유히 들고 나간 그 범인은 그 후 어찌 되었을까?

한동안은 쓰임새가 좀 부드러웠을테지, 그러나 얼마나 가슴 조이며 떳떳치 못한 그 마음은 불안했을까.

잃어버린 나의 입장은 그렇게도 편안한 마음일 수가 없는데…….

아직 봉지도 트지 않은 봉오리, 단발 머리였다는 그 소녀, 삶의 여정은 아직도 멀고 아득한데, 어찌하여 그런 지능이 곁들인 검은 마음의 소유자가 되었을까? 불황이 겹치는 우리의 경제, 인정의 메마름, 무책임, 말초 신경을 자극시키는 매스콤에 의한 10대들의 잘못된 젊음의 발산 또 어느 가정 파탄들의 후유증, 부모의 너무 큰 기대에의 위압감 등을 생각케 해 주었다.

이번 일이 그 소녀에게는 처음인 것 같지도 않았고, 또 마지막이 되 리라고 그 누구가 자신있게 말할 수 있겠는가!

측은하고 애처러운 생각이 스민다.

앞길이 걱정스럽다.

시간이 경과됨에 따라 나의 좋은 습관의 하나인 빠른 체념 때문에 점차 잊혀 져 가는 핸드백이 되고 있지만, 그 단발머리 소녀의 검은 도벽성이 어떤 기회, 어떤 연유로든 빨리 제자리를 찾아 환원되기를 바라고 싶다. 그리하여 환한 미소와 밝은 세상을 살아가 줬으면 하는 간절한 바램이다. 저 드높은 만추의 벽공처럼, 하늘을 향해 한 점 부끄러움 없는 삶을 살아가 달라고 기구하고픈 마음을 띄워 보낸다.

[새교실 지우문예] 〈수필 : 1회 추천〉

사라져 가는 것들

"그믐날에 혼인하고 초하루에 길을 떠난다구요?"

"당신은 양심도 없네요."

"혼인하느라 빚을 많이 졌으니 일을 열심히 해야지요."

"괜찮아요, 당신이 길 떠나면 난 당신을 그리워하며 베를 짜지요."

이 글은 티베트에서 막 결혼한 신혼부부의 대화내용으로 신랑이 내일이면 길을 떠난다.

갓 시집온 신부의 얼굴도 채 익히기 전에 저 험난하고도 위험한 마방*馬幇의 길을 떠나는 것이다 신부도 신랑이 마방을 떠난

* 물자운반수단이라고는 사람과 말, 당나귀와 소 뿐 이던 시절의 운남과 사천, 티뱃 지역의 조로서도鳥路鼠道에서 물자를 운반하던 조직

텅 빈 집에서 긴 기다림의 생활이 시작되는 것이다.

마방들은 마방의 길을 떠나서 도시의 생필품과 곡식, 차茶 등을 물물 교환해 오는 1년 동안의 돈벌이 인 것이다.

겨울에 얼어붙은 눈은 오월이 되면 녹아내리며 길을 연다 어려서부터 말은 동반자이자 친구이며 없어서 안 될 유일무이한 존재이다.

사람은 굶어도 말은 절대로 굶기지 않는다.

말 등에 실리는 것은 "동충하초, 패모(약재), 절인송이버섯, 야크버터 등으로서 비를 맞으면 허사가 되고 마니 잘 간수하며 이렇게 마방의 길이 시작되면 석 달이 걸린다.

마방의 길이 시작되기 전에 꼭 하는 일이 있다. 그것은 말 장식으로서 첫째 말馬, 용감하고 신중한 암컷과 둘째 말 숫컷에 종과 방울을 달아서 호화롭게 장식을 한다 뒤에 따르는 말들의 길라잡이 역할을 하는 것이다.

말들은 늪지대가 나오면 안 가려고 고개를 휙 돌려 버린다 빠지면 나오기 어렵고 깊은 곳은 목까지 차오르기 때문이다.

말이 좋아하는 먹이로 유인도 해 보고 살살 얼르기도 해서 겨우 건너 다시 걷는다.

히말라야 동쪽 횡단산맥인 눈 덮인 높은 산 깊은 협곡의 허리를 가로 지르는 조로서도鳥路鼠道, 어찌나 좁은지 새와 쥐만이 다닐 수 있는 길이라는 그 울퉁불퉁하고 좁은 자갈길, 험난한 길에서 천 길 낭떠러지 협곡 운남성(윈난성) 최고봉인 6,740m 메리설산으로 이어진다 깎아지른 듯한 절벽을 끼고 돌아가는 경사가 심한 좁은 길에서 거친 숨소리와 함께 말들이 저절로 제자리에 서버린다.

그러면 마방들은 메리설산을 향해 기도하며 곡식을 뿌리고 불경을 외운다 떠도는 영혼들을 위로하며 기도한다.

또한 차마고도**茶馬古道의 가장 어렵고 위험한 곳은 외줄 하나로 3대 강 즉, 진사강, 란찬강, 누강을 건너야 하는 일이다.

강의 협곡을 가로질러 건너는 일로서 말들은 무서워서 꽁지를 빼고 뒷걸음질만 치는데 마방 한명씩 외줄에 몸을 단단히 묶고 한참을 주르르르 반대편 숲길에 내린다.

말들도 한 마리씩 외줄에 꽁꽁 묶어서 보내건만 내내 버둥거리니 꼭 무슨 곡예를 하는 듯 보였다 너무나 위험하니 '저러다 떨어지면 어쩌나' 숨이 막히는 듯하다.

형이 마방의 길을 떠나면 동생이 아내와 함께 살며 농사를 짓는다 "형제공처" 의 이색적인 마방들만의 가족관계 풍습이 내려오고 있는데 청해성의 소수민족인 황남 티벳 족이라고 한다

** 중국과 티베트를 네팔과 인도 까지 연결해 주는 오래된 교통로

형은 혼자 남겨질 아내가 걱정이 되지 않아 서로 안심이 되고 살림이 훨씬 나아지니 아무런 불만 불평이 없는 그들만의 문화이자 풍습이다 우리네 문화로서는 도저히 이해할 수 없고 놀랄 수밖에 없는데 "삼형제 공처" 도 많이 있다고……

마방의 길을 떠나지 않을 때는 셋이서 같이 살아간다 그렇지만 항상 다른 일을 한다.

하나가 밭으로 나가면 하나는 짐승을 돌보고 등등…사진 속의 두 형제와 한 아내의 표정이 참으로 묘하게 느껴진다 두형제의 시선은 모두 어디에 둘지를 몰라선지 어설픈 미소에 아래를 바라보고 중간에 있는 아내 역시 두 눈을 내려 깔고 있는 묘한 표정이지만 그들은 풍습으로 내려오기 때문에 아무렇지도 않게 괜찮다고, 우리네 문화로서는 상상조차 할 수 없는 일이기에 아내의 일거수일투족이 매우 조심스럽고도 힘들겠다는 생각과 안쓰러운 생각이 들었지만 이것은 나의 부질없는 생각인 것 같았다.

이 모두는 많은 돈을 지불해야만 얻는 처를 너무 가난하여 형제들이 돈을 다 댈 수가 없기 때문에 하나의 처를 형제가 공유하는 걸 당연시 했다고 한다 또 모계중심사회로서 모든 권한이 여자에게 있었다고 하며 태어난 아이들은 모두 맏형의 자식이고 나머지 형제들은 삼촌으로 불린다고.....

찌든 가난의 해결이 결혼이나 그 밖의 여러 제도들보다 우위를 차지하기에 그러한 풍습으로 남아있고 자식은 아내가 부양하는 책임이 있다는 여하튼 티베트 족들의 독특한 풍습이고 문화다.

제일 앞장을 서는 마궈토***의 통솔아래 마방들이 줄지어 길을 떠나면 남아 있는 가족들은 뒷산에 올라 곡식을 태워서 연기를 내어 산신을 부르며 기도한다.

오로지 무사히 귀환하기를 염원하며 긴 기다림 속의 생활이 이어진다.

우리는 수년전 방영된 적이 있는 KBS 명작다큐를 접하여 알게 된 이 차마고도茶馬古道!

이 마방의 길은 당나라 때 꽃을 피우고 지금까지 천사백여 년을 이어와 유네스코에 등재된 문화유산이다.

지금은 폭파하여 길을 넓히고 세계 3대 트레킹 코스(페루의 '잉카 트레일' 과 뉴질랜드 '밀포드 트랙')로서 트레커들의 발자국들이 다져놓고 사회가 발전함에 따라 차츰 도시화가 되어 차車들이 자유롭게 다니게 되니 이제 차마고도는 우리 인간들의 기억 저편으로 멀리 멀리 사라져 가 옛 이야기가 되고 있으니 생각하면

*** 마방의 우두머리로서 마방을 이끌고 가다가 쉴 곳, 말들이 먹을 풀이 많은 곳, 잘 곳 등을 지시해 주는 사람

참 아쉽기도 하다.

문명이 발전하고 사회가 발전하면서 우리 주위에서 점점 사라져 가는 것들을 많이 볼 수 있다 대대로 내려오던 매장埋葬의 장묘문화도 역시 요즈음 화장은 기본으로 수목장, 평장으로 등 그런 묘지의 섬뜩함과 면적을 많이 차지하는 불편한 점을 대신해 주고 우리 부모님 나무라고 잘 가꾸고 섬기면서도 아름답고 공기도 맑아 참 좋다는 생각을 해보지만 어떤 마음인지 옛 산소의 무덤을 떠 올려보기도 한다.

요즈음에 나이의 고하간에 돌아가신 부모님, 증조, 고조대의 제사를 지내지 않는 사람들이 점차 늘어만 간다는 사실, 우리 고유의 추석이나 설 명절에도 해외로 여행을 떠나는 사람이 점점 늘어가는 추세로 추석이나 설날도 점점 희미해지는 존재가 되는 건 아닐지 우리 고유의 풍습이나 문화가 계승되어 지길 바라는 마음에서 조금 걱정이 앞선다.

그럼 지금 마방의 후예들은 오늘날 어떻게 살아가고 있을까 사회와 문화가 발달되면 될수록 편하고 쉬운 삶을 추구하기 마련이니 그네들도 어느 결에 물들어 도시화가 되어가고 있을까 그리고 그 때 그 마방의 시절을 추억하며 그리워하지나 않을까 싶다.

우리 곁에서 점점 사라져 가고 있는 풍습이나 문화들도 지금 현대사회 속에서 논어論語의 위정爲政편에 공자가 말한 온고이지신溫故而知新을 떠 올리며 과거와 연결되지 않는 현재는 없다는 것을 새삼 깊이 느낀다.

전북일보 금요수필 (2020. 9)

회양목

우리는 지구의 자전과 공전으로 하얀 낮달이 얼굴을 내밀고 땅거미 지는 어스름 초저녁을 지나 삼경, 숙면에로의 초대로 이어진다.

이렇게 분, 초를 다투며 사계절의 순환을 불러오며 끊임없이 진화해 나가는 지구촌이다.

오늘 나는 일과 중의 하나로 사우나를 다녀오다가 G웨딩 홀 부근을 지날 때 꽃샘바람에 옷깃을 다시 한번 더 여미는데 어디서 나는지 고상하고 향긋한 냄새가 나의 코에 감지되었다.

아직 추위에 떨고 있어 향긋한 냄새가 날만한 게 없는데 하며 둘러보니 바로 앞에 회양목이 있었다.

아는 사람은 알 테지만 모르는 사람이 더 많을 것 같은 회양목, 이 회양목은 도장나무라고도 부른다.

공원이나 정원 또는 전원주택의 화단 등 경계수로 많이 쓰인다.

회양목은 준비를 한다 경칩을 제치고 바람의 체온으로 부화된 회양목의 꽃, 회양목의 꽃을 보신 적이 있나요?

갓 깨어나 한 무리 수술을 거느린 암술의 대행진! 회양목은 암 수 한몸이다.

수많은 인고의 세월 속에 아무도 눈길을 주지 않는 이 땅에서 나만의 페이스를 잘 유지하며 맹춘孟春의 잔설을 이고 고절高絕한 매화와 함께 끄떡없이 개화의 첫 소식을 알리기 위하여 분주하다.

천천히 걸어오는 발걸음, 더디고도 더디게 그리하여 근육질의 치밀한 세포로 몸을 만드는 회양목 인 것이다.

누가 이러한 회양목의 꽃향기를 말할 수 있을까? 도드라지게 자신을 뽐낼 줄을 모르는 도장 나무는 잎과 꽃이 유사색으로서 녹색 계통이다.

주위에 피어 있는 꽃은 한 송이도 없는데 어디서 이렇게 좋은 향이 날까?

은은하고 고급진 향에 이끌려 가다보면 그 곳에는 회양목이 넌지시 미소를 띄고 서 있는 것이다. 꽃조차 잎 색과 비슷하여 존재감이 아예 없지 않았나 싶다. 그런데다 웽웽 꿀이 많아 꿀벌들의 수분 작업이 한창이다.

회양목은 석회암지대의 척박한 급경사지에서 자라 열악한 환경과 작게 자라는 DNA까지 겹쳐 많은 시간이 지나도 자랐다는 느낌이 잘 오질 않는다.

오죽하면 중국의 유명한 시인 〈소동파〉는 자신의 시 "퇴포退圃에 "정원의 초목은 봄이 오면 무성하게 자라건만 회양목은 오히려 윤년에 액운을 맞는다" 라고 하였다. 1년에 한 치씩 더디게 자라다가 윤년을 만나면 오히려 세치가 줄어든다고.

즉, 무슨 일의 진행 속도가 늦음을 빗대는 말로 쓰이기도 한다.

키는 2~3미터가 고작이며 백년을 자라도 어른 팔목 굵기만도 못하다.

불국사 석가탑에서 나온 무구정광대다라니경無垢淨光大陀羅尼經을 찍은 목판나무의 세포모양으로 보아 회양목이 틀림없다고 한다.

더디고 더디게 자라 치밀한 세포조직으로 근육질의 몸을 만든 회양목은 주로 작은 목판이나 활자, 개인인장(도장), 낙관, 머리빗, 장기알, 나무각종 공예품을 만드는데 쓰였다 한다.

회양목을 보면 '뚝배기보다 장맛' 이란 속담이 떠 오른다 이

고상하고 품위있는 향기를 그 무엇에 비하며 쓰임까지도……

옛 문헌에는 황양목黃楊木이라고 불렀으나 개화초기에 회양목으로 새로 붙이게 된 이름이라고 한다.

봄비 부르면 이 향기 사라질까 파릇거리며 긴 잠에서 깨어나는 무수한 식물들 속에 꼭 회양목 꽃향기를 음미해보라고 권하고 싶다. 이 봄이 지나면 다시 1년을 기다려야 하므로.

익산문학 제34집 (2023)

어느 봄날의 데이트

아름답게 컬러링이 울린다 30여년지기 선배의 전화로 데이트 신청이었다. "코로나19 땜에 괜찮을까요?" "답답하지 않아? 이 좋은 봄날에 뭐하고 있어?"

우리는 만났다 조심하고 또 조심해야하는 펜데믹 상황인데 우리가 거주하고 있는 이 지역은 확진 자가 단 한 명도 없는 아직은 청정지역이었으므로 그래도 마스크를 단단히 하고 세찬 바람에 알맞은 옷차림을 하고 나간 것이다.

우리는 왠지 서로가 소통이 잘 되는 공통점이 많았다 내가 석사과정에서 공부한 Holland의 인성이론에 REASEC이라는 육각형 모양의 이론이 있었는데 그 첫 자 알파벳을 따서 리아섹이라고 붙인 사람의 여섯 가지 유형인 것이다.

첫째는 현실형, 둘째는 탐구형, 셋째는 예술형, 넷째는 사회형, 다섯째는 진취형, 여섯째는 관습형으로 나뉘는데 우리는 똑같이 아-트형인 예술형으로서 그 선배는 교직에 있으면서 서예와 문인화에 발을 들여 놓아 일찍이 지방 각종협회의 일원으로서 무척 활발히 활동하였고 한양으로 유수한 대가한테 사사도 받으러 다녔다.

중앙의 국전에도 입상, 특상 등 초대작가의 반열에 오른 분으로서 지금은 각종대회의 심사위원으로 활약하고 있었다.

나 역시 20대부터 글쓰기를 하여 지금에 이르렀고 문인화는 5년째 수학하고 있으니 우리 둘은 같은 성향인지라 만나면 대화가 풍부하고 좋은 것은 나누고 싶으며 하루 종일 같이 있어도 지루하지 않아 또 다음을 기약하며 헤어지곤 하였다.

우리는 요즈음 코로나19로 인해 때가 때이니 만큼 조심스럽게 좀 고급식당으로 사람이 덜 모일 것 같은 곳에서 맛나게 식사를 한 후 그리 멀지 않은 생태 숲을 거느린 S산으로 산책을 하기로 하였다.

요즈음 개발하여 예쁘게 조성되어 가고 있음이 직감적으로 느껴지는데 곡선을 이루며 데크로드를 만들어 놓아 주욱 따라가다 보니 늪지대에 물이 고여 연못이 되어 있어서 잠시 머물며 연못 속에 하늘거리는 수생식물을 감상하고 있었다.

이때 고요한 수면이 갑자기 활기를 띄며 어디선지 물고기들이 몰려왔다 발자국 소리를 듣고 몰려오는 것인지 모두들 우리의 앞으로 몰려들어 지느러미를 팔랑거리며 한참을 머뭇거리더니 크고 작은 물고기들이 저쪽 반대편 그늘로 숨어들었다.

아마 이 곳을 산책하던 사람들이 먹이를 던져 주곤 했었는지 몰려들었다가 아무것도 주지 않으니까 그만 실망하여 그늘 진 곳으로 가 버린 것 같았다.

또한 초봄을 맞아 물 위로 여린 새싹을 내민 부초들이 연두빛으로 생동감을 주니 너무 귀여웠다.

한참을 조성된 길을 따라 가는데 대 여섯 사람들이 각자의 반려 견 들을 데리고 나와 잔디밭에서 운동을 시키며 목청껏 소리치고 자기의 견공들을 부르면서 즐겁게 대화하는데 우리의 눈을 사로잡는 게 있었으니 바로 커다란 백매 화 한 그루가 온통 환하게 꽃을 피우고 있었다.

우리의 발길은 자연스레 그리로 향하는데 암향이 우리의 코에 깊숙이 스며들었다 오늘따라 구름 한 점 없이 파란 하늘이 배경이 되어 더욱 아름다웠다.

그 때 발아래를 바라보니 때 마침 앙증맞은 봄 까치꽃들이 군락을 이루며 무더기로 피어 있었으니 백매 화와 남색 빛의 봄 까치꽃이 아주 환상적으로 케미를 이루고 있어 보기에 너무 좋았다.

우리는 서로 사진도 찍고 매화랑 봄까치 꽃이랑 한데 넣어 사진촬영을 하였다 우리는 좀 더 봄 색이 짙어지면 군데군데 군락을 이루고 있는 꽃무더기와 더 한층 연록이 우거질 때 다시 오기로 약속을 하였다.

발길을 돌려 그 부근에 있는 카페에 자리를 잡고 커다란 통유리창을 통해 보이는 데크 로드로 연결된 연못을 바라보며 이야기의 꽃을 한참 피우니 나도 모르게 쌓였던 스트레스가 거의 풀리는 듯 유쾌하고 가슴이 시원하였다.

그 선배와는 이렇게 멀지않은 간격을 두고 만나서 그간의 소소한 이야기와 인생의 선배로서 한 발 먼저 앞서 나가는 모든 경험담은 나에게 있어서 소중한 교과서 역할을 하여 본받을 점이 충분히 많았다.

그러한 선배가 곁에 있는 것부터 음으로 양으로 난 참 행복한 사람이라고 자부하면서 돌아오는데 서녘에 붉은 노을이 무척 아름다웠다.

교원문학 봄호 (2020)

세실의 죽음****

'세실' 이 죽었다 검은 갈기의 카리스마 짐바브웨의 국민사자 '세실' 이 죽은 것이다.

열세 살의 수컷 세실은 짐바브웨의 황게 국립야생공원에서 유유자적 하니 암컷 6마리와 그 사이에서 태어난 24마리의 새끼를 거느리고 잘 살아왔다 누구나 세실을 보면 탄성을 지른다고 했다.

검은 갈기가 트레이드 마크로서 체구도 크고 아주 잘 생겼고 장엄하기까지 하였다 그리고 사파리 차가 지날 때 다른 사자들은 다른 쪽으로 피하는데 세실은 다가오기도 하고 피하지 않으

**** 세실은 아프리카 짐바브웨의 국민사자로 불리며 사랑받던 검은 갈기의 사자로서 13살짜리 숫컷이다. 체구도 크고 검은 갈기가 트레이드 마크로서 장엄하기까지 할 정도였다.

니 더욱 친근감이 든다고 했다

그런데 미국의 치과의사인 트로피 헌터 월터 파머가 현지 가이드에게 5만달러(한화 약 5천8백만원)를 지불하고 트로피 헌팅을 한 것이었다.

짐바브웨의 황게 국립야생공원과 사냥허가구역의 경계에서 밤에 몰이꾼들이 코끼리 고기를 낮으막한 나무에다 걸어놓아 세실을 유인한 것이다 맛있는 고기냄새를 맡은 세실은 절친인 수컷 제리코와 함께 허가구역으로 넘어 올 때 월터 파머가 바로 석궁과 총을 쏘아 피를 흘리며 되돌아 가다가 죽은 것이다.

사자는 우두머리 숫 사자가 죽으면 다른 숫 사자가 그의 새끼들을 모두 죽이고 그 암컷을 차지하는데 이 때 세실이 죽으니 절친였던 제리코가 암컷들과 새끼들을 한 동안 보살펴 주다가 제리코는 노화로 자연사 했다는 후문이다.

먼저 트로피 헌팅이란 사냥을 오락처럼 또는 전시 와 레저를 목적으로 여겨 야생동물을 선택적으로 사냥하여 사냥한 동물의 일부 즉 전리품 (주로 머리, 뿔, 가죽등)을 헌팅 트로피나 기념으로 박제를 하는 것을 말한다 헌터들은 말한다 트로피 헌팅은 밀렵 같은 상업목적이 아닌 사냥물 전시를 위한 합법적인 행위라는 것이다.

특히 남아프리카공화국, 짐바브웨, 나미비아. 탄자니아, 보츠와나 등 아프리카 초원지대에 위치한 나라에서 국가의 법으로 허용하여 요즈음은 거대한 관광산업으로 육성하고 있다.

트로피 헌터들은 사자 등 맹수들의 최후는 모두 갈기갈기 찢겨서 죽기 때문에 우리가 총으로 쏘아서 죽여 그대로 산 것처럼 박제로 해 놓아 주는 게 그들의 영혼을 위해 주는 것이라고 한다.

트로피 헌터들에게도 불문율이 있다 종의 보존을 위해 새끼나 어미는 절대로 죽이지 않는다 반드시 나이든 수컷을 목표로 한다 이 사냥비즈니스는 남녀노소가 따로 없다.

주로 부유한 미국이나 유럽 사람들이 하는데 미국사람들이 90%를 차지한다고 한다 이 아프리카 지역사람들은 대부분 직업이 없었다 트로피 헌팅을 국가에서 법으로 허용하여 나아가서는 거대 관광산업으로 육성하고 있는데 헌팅을 할 때는 그 지역사람들을 가이드, 몰이꾼, 기사 등으로 고용하니 지역사회의 활성화가 되어 트로피 헌터들은 이 아프리카를 먹여 살린다는 신념이 아주 강하다.

동물을 사냥하면 전리품인 사체 전체나 머리를 박제로 하고 가죽, 이빨, 어금니, 뿔 등이 트로피로 사용된다 이 트로피를 헌터의 집 또는 사무실, 트로피 룸등에 헌터의 무기와 함께 전시되기도 한다 이 때 사냥한 동물고기는 그 지역사람들에게 무상으로 나누어 준다.

인간은 쾌락을 위하여 동물을 죽인다 세실이 참혹하게 죽었을 때 전 세계적인 공분을 샀다 대다수 대중과 언론은 강한 혐오감과 분노를 표출하였다 그러나 미국의 월터 파머는 매우 유명한 사자를 사냥했지만 위법은 없었다고 뻔뻔스럽게 변명했다.

동물보호단체는 야생동물을 보호하기 위해서 계속 추적 중이며 논쟁이 벌어지고 있다고 한다.

짐바브웨 동물보호태스크 포스팀은 파머가 세실을 불법적으로 죽였기 때문에 정의의 심판을 받을 수 있도록 자국으로 인도해 갈 것을 공개적 요구를 하였다.

세실은 사냥을 해서는 안 되는 종이었다 우리는 인간과 동물이 공존하는 세상이어야 한다 동물을 죽이는 사람도 살리는 사람도 모두 공존한다.

짐바브웨 등 아프리카 초원지역의 여러 나라에서는 트로피 헌팅이 합법이었지만 참 아이러니 하고 분명 악한 짓 이었다 세계의 비난 여론이 들불처럼 일었지만 이미 검은 갈기의 카리스마 국민사자인 세실은 이 세상에서 한 인간의 쾌락 충족을 위한 오판으로 다시는 볼 수 없어 참으로 아쉽다.

지구는 인류뿐만이 아니라 모든 생명체들의 삶의 터전이기도 하다 인류의 이기적이고 잔인한 갑질이 계속된다면 지구는 더 빨리 멸망할 것이다 우리 시대에 사라져야 할 것은 동물이 아니라 스포츠로 여기는 트로피 헌팅이 아닐까.

부모님

내 어머니는 손자 같은 아들을 두게 되었음에도 감사하며 무지 행복해 보였습니다.

여덟 번 째로 남동생을 얻은 우리 가족 모두는 만면에 미소 그득하니 행복한 마음으로 살아갔습니다.

어머니는 그 귀한 아들을 놓으면 깨질까 어디 다치지나 않는지 노심초사하며 여섯 살까지 밖에 내놓지 않았습니다.

초등학교에 입문하여 이 지역의 유수한 B중학교를 단 한명 합격하여 줄곧 우수한 성적으로 J고등학교에 수도권의 S대 법학과를 지망하리만큼 인정받는 아들로 성장해 나갔습니다.

어머니는 그렇게 장한 아들을 눈에 넣어도 부족하고 또한 쳐다보기도 아깝다고, 늘 말씀하셨습니다.

이런 모든 것이 결국에는 저 혼자를 위해 둘러리 선 듯 여기는 빗나간 에고이스트 이자 배타적인 사고방식으로 물들어 갔습니다.

지금은 불의의 사고로 이 세상에 존재치 않는 동생이 되고 말았지만 그 당시 내 어머니는 당 사주 라는 것에 나와 있는 과일나무의 맨 위 꼭대기에 열린 빨간 열매에 기대를 걸고 아침저녁 정화수를 떠 놓고 치성을 올리던 낭자머리의 단아하던 모습을 잊을 수가 없습니다.

누구든지 태어날 때 이미 한 사람의 길은 정해져 있어 그 길을 향해 비탈길, 가시밭길을 가기도 하고 높은 풍랑을 헤쳐 나가기도 하며 또한 평탄대로와 향기로운 꽃길을 가기도 하면서 종내는 이승을 떠나가게 되는가 봅니다.

한편으로 생각도 해 봅니다. 나는 내 부모님께 어떤 자식이었을까? 생각해 보면 나는 부모님을 무척 귀찮게 하는 자식이었던 것으로 생각됩니다.

"어머니, 제가 설거지를 할 테니 피아노를 배우게 해주세요."

"아버지, 제가 영, 수가 부족하니 학원에 보내 주시면 열심히 하겠습니다." 등등으로 부모님을 힘들게 한 것으로 기억이 됩니다.

그리고 그 귀한 남동생은 이지역의 유수한 J고등학교에, 나는 J교대를 기차 통학을 하였는데 이 시절이 아마도 우리 부모님께는 변곡점이랄까 정말 보람되고 가슴 뿌듯하게 생각하지 않으셨을까 생각 됩니다.

내 부모님은 정말 학구열이 대단하셨습니다. 그 시절에는 남아선호사상이 지배적이었지만 딸자식들도 노력하여 능력껏 상급학교에 진학하는 것을 당연하게 생각하시고 뒷받침을 해주시는 것이었습니다.

'가지 많은 나무에 바람 잘 날 없다' 는 옛 속담이 정말 꼭 맞는 말인 것 같습니다 형제자매가 열명으로서 부모님은 항상 이 자식 저 자식을 챙기느라 아침이면 정말 부산한 시장 속 같았습니다.

이러다 보니 우리는 부모님을 원망하기도 하고 한편 애처로워 각자 내 일은 내 손으로 해결해야 한다는 의지가 강해짐과 동시에 바로 자립심으로 이어지고 있었습니다.

그런 성장과정을 거쳐 교육계에 몸담아 황조근정훈장을 수훈하고 은퇴하여 지금은 요즈음 신조어로 "연타녀(연금타는 여자)"가 되어 취미생활을 즐기며 소일 하고 있습니다 꾸준한 문학활동과 내게 맞는 운동을 하며 묵향에 심취하여 매, 란, 국, 죽에 이어 연蓮을 그리고 각종 대회에 작품도 출품하면서 서녘에 붉은 노을을 바라보며 매일을 향기롭게 보내고 있지만 가슴 한켠에 맴도는 내 부모님에 대한 그리움이 울컥울컥 솟구칩니다.

정말 풍수지탄風樹之嘆이란 말을 붙들고 조용히 속울음을 삼키며 지금 살아계신다면 얼마나 좋을까, 무척 잘 해 드리고 잘 모실텐데……부모님 사진을 꺼내놓고 하염없이 보고 또 보고 가을밤은 깊어지고 있습니다. 딸 일곱을 낳고 얻은 귀한 아들을 품에 안기까지 수많은 날들을 애태우며 생활하셨던 어머니의 모습을 잊을 수 없어 한편의 시조가 되었습니다.

엄니의 비망록

당산목 우듬지에
매달린 열매 하나
되쌓은 돌탑 위에 아슬한 탯줄 자리
북극성 그 아득한 꿈 돌이 되어 올랐다

딸 부자 쑥덕쑥덕
병 도진 마흔 너머
수심에 말을 잃고 부지깽이 두들겨
죄 아닌 일곱 딸들의 조아리는 가슴팍

잇달아 검은 숯만
금줄에 대롱대롱
마침내 위풍당당 주름잡는 붉은 고추
홍탁의 훈훈한 웃음 엄니 눈이 묽든다

트로피 헌팅

먼저 트로피 헌팅이란 사냥을 오락처럼 또는 전시 와 레저를 목적으로 여겨 야생동물을 선택적으로 사냥하는 일이다.

트로피 헌터들에게도 불문율이 있다. 종의 보존을 위해 새끼나 어미는 절대로 죽이지 않는다 반드시 나이든 수컷을 목표로 한다.

아프리카 초원지대에 위치한 여러 나라에서 국가의 법으로 허용하여 요즈음은 거대한 관광산업으로 육성하고 있다.

인간은 쾌락을 위하여 동물을 죽인다 '세실' 이 참혹하게 죽었을 때 세계적인 공분을 샀다.

대다수 대중과 언론은 강한 혐오감과 분노를 표출하였다 그러나 미국의 월터 파머는 매우 유명한 사자를 사냥했지만 위법은 없었다고 뻔뻔스럽게 변명했다.

동물보호단체는 야생동물을 보호하기 위해서 계속 추적 중이며 논쟁이 벌어지고 있다고 한다. 짐바브웨 동물보호태스크 포스팀은 파머가 세실을 불법적으로 죽였기 때문에 정의의 심판을 받을 수 있도록 자국으로 인도해 갈 것을 공개적 요구를 하였다.

세실은 사냥을 해서는 안 되는 종이었다. 우리는 인간과 동물이 공존하는 세상이어야 한다. 동물을 죽이는 사람도 살리는 사람도 모두 공존한다.

짐바브웨 등 아프리카 초원지역의 여러 나라에서는 트로피 헌팅이 합법이었지만 참 아이러니 하고 분명 악한 짓 이었다.

세계의 비난 여론이 들불처럼 일었지만 이미 검은 갈기의 카리스마 국민사자인 세실은 이 세상에서 한 인간의 쾌락 충족을 위한 오판으로 다시는 볼 수 없어 참으로 아쉽다.

지구는 인류뿐만이 아니라 모든 생명체들의 삶의 터전이기도 하다. 인류의 이기적이고 잔인한 갑질이 계속된다면 지구는 더 빨리 멸망할 것이다. 우리 시대에 사라져야 할 것은 동물이 아니라 스포츠로 여기는 트로피 헌팅이 아닐까.

전라매일(2020.6.12)

경제성장과 욕구상승

지금 생각해 보면 옛날에는 교복이며 운동화, 체육복을 작아지면 아래동생이 받아내려 입기를 하였다.

그것은 당연한 일이었고 불평도 하지 않았다.

학교에 가보면 항상 새 옷에 새 가방에 예쁜 구두를 신고 다니는 친구가 있었다. 보기에는 예뻐 보였지만 그렇게 부러워하지는 않고 지난 것 같다.

위로 언니가 네 명이나 있으니 난 항상 언니의 모든 것을 이어 받았다.

가방도 언니가 쓰던 것을 내려 받았는데 가방의 모서리가 닳아서 속이 조금 보이는 것이었다.

중학교 때 였던 것으로 기억이 되는데 그게 참 싫었다 그래서 가방을 안을 밖으로 해서 뒤집어 들고 다니다가 아버지께 말씀을 드렸다.

"아버지, 저 가방 좀 사 주세요."

"왜 그 가방이 어때서." 눈물이 핑 돌았다.

아버지는 무엇이든 자식들이 요구를 하면 바로 들어 주시지를 않으셨던 걸로 기억이 된다.

나는 눈물을 꾹 참고 학교에 갔다.

그리고는 금방 그 일을 잊고 공부에 열중하고 몇 개월인가를 헌 가방을 뒤집어 들고 다녔다.

어느 날엔가 우리 집이 북적거리며 어머니 역시 부엌을 분주하게 드나드시면서 음식을 준비하시는 것 이었다. 그 옛날 아버지께서는 부하직원들의 임금을 배당해 주시고 많은 돈을 가져 오셨다고 하셨다.

아버지는 나를 데리고 가방가게를 가시더니 가방을 고르라고 하셔서 아버지의 기분을 살피면서 그 때 이름 난 크OO 가방을 고르지 않고 값이 저렴한 가방으로 사 가지고 왔다.

그래도 난 참 행복했다 아버지가 한없이 고마워서 "아버지, 고맙습니다. 공부 열심히 할게요."

우리 집은 아버지의 사업이 점점 좋아지니 윤택한 생활을 하게 되었다.

그런데 변해가는 것은 우리 형제자매들의 마음과 눈이 점점 높아져서 부모님께 더 많은 것을 요구하고 있었던 것이었다.

그때 당시에 유행하던 운동화며 가방이며 시계며 사 달라고 하는 요구사항이 부쩍 늘어나는 것이었다.

하지만 아버지께서는 항상 무엇이든지 그 즉시 사 주시지 않고 며칠이 지나고 아니면 "있는 것이 아직도 새 것인데 다음에 사거라." 하시는 것 이었다 그 당시 우리들은 아버지를 원망하면서 입을 삐죽이 내밀고 눈물을 보이고 했었다.

지금 생각해 보면 각 가정이나 국가나 경제가 성장됨에 따라 사람들의 욕구가 늘어나는데 경제성장의 속도보다 욕구상승의 속도가 앞서니 바로 그게 문제인 것이다. 앞서 달리는 욕구 상승의 끝은 바로 파산으로 이어질 것이 명약관화하기 때문이다.

아버지께서 그 즉시 해결해 주지 않았던 방법이나 다른 방안으로 대처해 주실 때 우리들은 마음속에 내 마음을 자제할 수 있는 절제능력을 키워 주신 거였다.

요즈음의 젊은 부모들은 하나 아니면 둘의 자녀들이 요구하기도 전에 최고 브랜드로 척척 사 주고, "엄마, 저거 갖고 싶어." 말이 떨어지자 말자 바로 사주는 행태도 생각해 볼 문제이다.

점점 자라면서 부딪힐 수많은 풍랑을 어떻게 파도타기를 해야 내가 이 복잡다단하고 빠른 속도로 바뀌어 가는 세상에서 살아남을 수 있을 건지 쓴 맛을 이겨 내려면 어려서부터 절제하는 훈련이 되어 우선 자신의 욕구를 자제하고 자신의 마음을 다스릴 줄 알아야 할 것이다. 이것이 바로 자기 자신의 행복으로 연결되는 길이기 때문이다.

전라매일(2020.11.9)

자신을 발견하기

그리스 철학자 소크라테스는 말했습니다. "너 자신을 알라."

우리는 이 명언이 아주 짧기도 하여 그냥 쉽게 외워졌고 오늘날 까지도 이외의 소크라테스의 명언들은 우리 생활 속에서 많이 인용되고 있습니다.

요즈음 우리는 인문학 강의를 접해 본 경험이 많을 것입니다 서양 인문학의 문을 연 사람이 바로 소크라테스였습니다.

많은 사람들 대부분은 자기 자신에 대해서 잘 모릅니다. 종이 한 장을 나눠 주면서 비공개로 자기 자신에 대해서 점수를 매겨 보라고 하면 다른 사람이 평가하는 것 보다 대부분 높은 점수를 줍니다.

남들이 평가하는 점수는 60점인데 자기 자신은 80점이라고 생각하는 것입니다. 이렇게 되면 이런 사람은 주변사람들과 마찰을 빚기 쉽습니다. 자신은 80점인데 남들은 60점으로 대하기 때문에 '왜 이렇게 나를 무시하는 눈빛이지?' 하며 갈등하게 됩니다.

반대로 60점인 사람이 자신을 50점이라고 생각할 경우에는 주변사람들이 자신을 60점으로 봐 주기 때문에 늘 감사함을 느끼므로 인간관계가 원만하여 행복감을 느끼게 됩니다.

실제의 자기보다 마음을 조금만 더 낮추고 겸손하면 주변사람들과 소통이 잘 되어 원만한 생활을 하게 되는 것입니다.

하지만 '나는 똑똑해, 내가 최고지' 항상 실제보다 높게 평가하면 매사가 마땅치 않고 불만투성이로 스트레스를 받으며 심리적 고통 속에서 살아가게 됩니다.

"아래를 보고 살자" 라는 말이 있습니다.

연봉이 5천만 원인 사람이 3천만 원 버는 것처럼 생각하면 벌써 씀씀이도 알뜰해서 낭비하지 않고 저축을 더 하게 됩니다 반대로 연봉이 5천만 원인 사람이 7천만 원 버는 사람처럼 생활하면 눈은 높은데 사정이 여의치 않으니 저축은커녕 점점 마이너스 통장에다 빚이 늘어 날 수밖에 없으니 보이지 않는 마음의 그늘이 얼굴로 나타나 수심이 가득할 것입니다.

꼭 그렇게 부유하지 않아도 마음먹기에 달려서 부족해도 행복하게 살 수 있습니다 그러기 위해서는 어떤 전환점이 필요합니다.

가장 중요한 것은 지나온 날들을 돌이켜 생각해보며 나의 현 위치를 즉 현명하게 자기 자신을 발견하는 일입니다 자꾸 위를 쳐다보며 살아가게 되면 항상 불만과 불행이 대기하고 있는 것입니다.

소크라테스의 '너 자신을 알라' 를 새겨보면 소크라테스는 철학자로서 주 논점이 "너의 무지를 자각하라(변증법의 원형)" 로 가장 근접하게 해석을 할 수 있고 "자신의 존재적 의미를 자각하라(불교적 해석으로 '네 안에 부처 있다'}로 해석이 가능하겠습니다. −〈고전 그리스어 한 문장〉인용−

그런데 우리나라의 정서로는 "자신의 분수를 알아라(한국인들이 가장 많이 이해하는 방식)" 가 거의 합당할 것 같습니다.

이 또한 위에서 말한 바와 같이 자기 자신을 냉철한 잣대로 판단하여 자신을 발견하면 더욱 긍정적이고 행복한 삶을 살아가게 되지 않을까***

위에서도 말했듯이 서양인문학의 문을 연 소크라테스의 명언 중에 하나로 "결혼은 해도 후회, 안 해도 후회, 하지만 결혼을 해라./ 네가 양처를 만나면 행복할 것이고 악처를 만나면 철학자가 될 것이다."

크산티페가 소크라테스의 악처로 유명합니다.

악처일 수밖에 없는 환경인 즉 50살에 결혼해서 아들만 셋을 두었는데 무보수로 제자들을 가르치는 일 이외에 즉 가정경제는 나 몰라 라하고 자식들에게도 아무런 관심도 없이 크산티페가 실질적 가장으로 생활하며 살아갔던 것 이었습니다.

제자들과의 토론이라고 밤늦게 쳐들어오는 등 개인적인 생각으로는 소크라테스가 누구보다 먼저 철학이 아닌 생활 속의 자신을 발견하여야 하지 않았을까 감히 생각해 봅니다.

전라매일(2021.1.22)

어, 내 수험표

교문 앞에 와서야 불현듯 생각이 났다. "어, 내 수험표 어떡해……"

같이 시험에 응시하려고 간 친구들이 화들짝 놀라며 '왜 그러니? 순금아, 수험표를 안 가져왔다고? 친구들까지 걱정하며 한랭기류가 감돌았다. 시험을 잘 치르기 위해 낯선 대학교에 화장실이랑 강의실이랑 점검할 겸 일주일 전에는 사전답사까지 해 놓았으니 거의 완벽하다고 우리 셋이서는 웃으며 이제 시험만 잘 치르면 된다고 의기투합했었다.

시험시간에 늦지 않으려고 새벽기차까지 타고 왔는데,

내가 지망한 00대학교의 교문 앞에 와서야 수험표를 아버지께 보여 드리고는 그냥 온 것이 생각난 것이었다. 같이 시험을 보러 온 두 친구는 들어갔는데 교문에서 수험표가 없어 거부를 당한 나는 울상이 되어 울먹이며 수위실에서 전화를 빌려 집으로 아버지께 전화를 드렸다.

시험 장소와 집은 거의 30킬로 떨어진 다른 도시여서 더욱 막막한 심정으로 '시험을 포기해야 하는가' 매우 절박하였다.

나의 전화에 아버지께서는 크게 놀라시며 "알았다, 교문 앞에서 꼼짝 말고 기다려라" 라는 말씀을 가슴에 담고 눈이 빠지게 그 쪽을 응시하고 있었다.

8시 30분이면 입실완료인데 20분이 되어가고 있었다. 21분, 22분 타 들어가는 가슴을 안고 발을 동동 구르고 있어도 교문에서 체크하는 선생님은 나를 거들떠보지도 않았다. 8시 28분이 되는 찰나에 검은색 영업용택시가 교문 앞에 스르르 멈추었는데 내리는 사람을 보니 바로 우리 옆집에 사는 덕희 아빠이셨다.

"응? 여기 수험표 있어, 아버지께서 주시더라 빨리 들어 가거라" 나는 구세주를 만난 양 고맙다는 인사와 함께 수험표를 보이고 교실을 찾아 입실을 하니 시험감독 선생님께서 시험지봉투를 안고 들어오셨다.

나는 뛰는 가슴을 진정시키며 큰 숨을 내 쉬고 눈을 감았다.

한참동안 엎드리고 있다가 가슴을 추스르며 겨우 시험을 마친 나는 아침부터 줄 곧 초조한 가슴으로 입학고사를 치룬 일이 마치 무슨 영화의 한 장면인양 가슴을 쓸어 내렸다.

그때 그 시절에 시험을 치르는 J시에서 내가 사는 I시까지의 택시요금도 무시하지 못할 만한 액수였는데 영업용 택시기사였던 덕희 아빠가 베푼 덕분으로 너무 고맙고 감사했다.

요즈음은 수학능력시험으로 변별력을 가려 그 후에 대학교를 선택하지만 내가 대학교시험을 치를 때는 먼저 대학교를 선택한 후에 그 대학교에서 입학고사를 치른 다음에 커트라인 안에 들면 합격을 하는 제도였다.

그 당시 시험문제로서 잊혀지지 않고 지금까지 기억되는 게 있다. 국어과에서 고사 성어 빈칸을 메우는 문제로 "千○一遇"가 나온 것이다 익히 공부한 고사 성어였기에 어렵지 않게 재(載)자를 써 넣었다.

이 고사 성어 천재일우는 일천 천(千) 해 재(載)/실을 재(載), 여기서는 해 재(載) 한 일(一) 만날 우(遇) 로서" 천년에 한번 만날 수 있는 기회", 즉 "좀처럼 얻기 어려운 좋은 기회" 라는 뜻 이었다.

나는 아버지의 빠른 판단력과 덕희 아빠의 신속한 도움으로 시험을 치룰 수 있었던 게 지금 생각해도 고맙고 또 고맙다 얼마 후 합격자 발표를 라디오로 들었는데 〈1875〉라는 나의 수험

번호가 호명되니 아버지를 비롯하여 어머니와 가족들이 모두 박수를 치면서 축하를 했었다.

어쩌면 시험문제의 천재일우라는 고사성어가 현재의 나, 내가 걸어가야 할 길, 나의 삶, 위치 등을 예견해 주었지 않았나 하는 생각이 든다. 나중에 학교에 가서 보니 같이 시험을 치른 Y와 K는 불합격한 걸 알았다.

괜히 조금 서먹했지만 곧 그런 마음은 가시고 다시 뭉치기도 하고 즐겁게 지낸 게 생각난다.

살아가다 보니 언제 적부터인가 “준비된 사람” 혹은 “준비된 취준생” 등등 이런 말을 많이 들어 본 것 같다 그렇다! 준비된 사람과 그렇지 못한 사람은 매사에 확연한 차이가 있을 것이다.

준비된 사람의 여유로움은 그렇지 못한 사람의 당황함을 제압할 수 있기에 누가 성공의 길에 빨리 발을 디딜 것인가는 명약관화明若觀火 한 일이다.

그 수험표 사건으로 인하여 변화된 나의 엄지 척 습관은 무슨 일이든지 하루 전에 모두 점검하여 일정한 장소에 집합시켜 놓고 잠자리에 드는 것과 앉았다가 일어서서 이동할 시에는 앉았던 자리를 뒤돌아서 확인하는 습관으로 지금은 아주 몸에 배어 있다.

학교에서 학생들이나 가정에서 내 자녀들에게도 나의 미비로 인하여 일어났던 가슴 조이는 수험표이야기는 지금도 산교육이 되어 정수리를 울리며 맴돌고 있다.

언니를 칭찬합니다

긴기아난/ 고무나무/ 수국/ 흑법사/ 산호수/ 셀렘 /안스리움/ 워터코인/ 파피루스/ 꽃기린/ 금전수/ 율마/ 소나무분재/ 킹벤자민/ 행운목/ 향나무/ 벵갈 고무나무/ 동백/ 트리안/ 대엽풍란/ 소엽풍란/ 관음죽/ 서황금/ 개연죽/ 틸란드시아/ 다육이 다수/ 호주매화/ 알로카시아/ 호야/ 스투키/ 선인장/ 게발선인장/ 샤프란/ 산세베리아/ 남천/ 스킨답서스/ 아이비/ 콤펙타/ 미니벨/ 괴마목/ 마지나타/ 시크라멘/ 천리향/ 오색마삭줄/ 황금마삭줄 /천리향 등

아침에 일어나면 나는 앞 베란다에 있는 나의 실내 정원으로 발을 옮긴다. 내 새끼 모두들 '안녕?' 하면서 반기는데 요즈음

은 안스리움의 하트형 불염포와 화서가 가장 예쁘게 다가온다. 새 봄의 기척에 식물들이 너도 나도 시샘하듯 눈짓하기에 바쁜데 산호수는 새잎을 뾰족뾰족 내밀고 있다 화분 하나씩 살펴보며 말을 건다. 새잎 내느라 얼마나 애를 쓰느냐며 눈길을 주는데 죽은 듯이 가만히 있던 다육이 들도 기지개를 켜는 모양새다 동장군과 씨름하느라 붉으스럼하게 물이 들어 한층 예뻐 보이고 변함없는 모습에 눈이 즐겁다.

지난겨울 관수를 잘 못했는지 율마가 어찌 시원치 않아 보인다 뒤편쪽으로 갈변되는 게 조금 보이는 것이다. 율마는 보기만 해도 연두 연두 하며 향긋해서 저절로 기분이 좋아지는 데 말이다. 난 다육이 들도 귀엽지만 관엽수 들을 좋아해서 늘 푸른 잎을 자랑하는 관음죽이나 서향금 같은 공기 정화식물들 그리고 조화로운 벵갈 고무나무도 자리를 잡고 내 정원의 리더격인 킹 밴자민에 신경을 쓴다. 어느 날인가 보니 잎에 하얀 균이 끼어 가지고 병이 들어가고 있는 걸 발견하였다. 그것은 통풍이 좀 어려운 겨울철에 일어난다 겨울을 제외한 계절에는 무탈하다가도 통풍이 힘든 한 겨울철에 발병을 하는 것 이었다. 나는 그 흰 균에 감염된 게 무척 싫어서 과감하게 잎이 달린 가지를 모조리 전지를 해 버렸다.

까까숭이가 된 후 한동안 안중에도 없었는데 어느 날엔가 파릇파릇 잎을 내기 시작하고 있는 게 눈에 띄었다. '오 그래도 꼼지락거리며 살아 있었구나!' 식물이나 동물, 아니 모든 자연은 신경을 써 주고 돌봐주면 그만큼의 보답을 하는 것을 느끼게 된다. 모든 만물은 반드시 인과응보因果應報라는 철칙을 준수한다고 보면 된다.

내가 다니는 미용실에도 꽃 화분이 여러 개가 있어 미용실 분위기를 사뭇 온화하게 해주는데 머리를 다듬으러 갈 때 다육이 몇 개를 가져다 주었더니 좋아 하면서 빈 화분에다 심는 것이었다. 그 미용실에는 한겨울인데도 꽃기린이 꽃을 피워내고 있기에 물어보니 1년 내내 쉬지 않고 꽃을 피운다고 했다. 가시 때문에 꺼려했지만 황량한 겨울에도 앙증맞은 꽃을 볼 마음에 두 개의 분을 사서 심어놓으니 나의 정원도 더욱 화사해 진 것 같았다. 나는 새로운 식구를 맞이하면 반드시 검색을 해서 특성을 살펴보고 거기에 맞춰서 관리를 해 준다. 그러면 별 일 없이 잘 자라는 것 이었다.

어느 날 우리 부부는 타 도시에 사는 위로 두 번째 언니 집에 가기로 하였다. 적조하게 지낸 것 같아서 여러 가지를 사 들고 방문을 하니 언니가 깜짝 반가워하며 우리를 맞이 한다. 언니는 어찌나 깔끔한지 무엇이든지 질서 정연하고 세간 들이 반들반들하였다.

그 중에서도 내 눈에 들어 온 것은 다육이 화분 들이었다. 지난번에 우리 집에 놀러 왔을 때 “언니, 심심하고 그러니까 이 다육이 들을 화분에다 심어서 잘 키워 봐, 그럼 조금씩 변화해 가는 모습을 보면 기분이 좋아 질 거야!” 하면서 조그만 화분8개, 내 집에서 키우는 다육이 들을 분양해서 주고 마사토랑, 거름흙, 난석이랑 사 가지고 갔었는데 거의 1년만의 해후였나 보다 난 무척 놀라웠다. 언니가 다육이 들을 그렇게 잘 키워 낼 줄 몰랐던 것이었다. 그 당시 다육이 들은 물을 많이 주면 안 된다고 몇 번을 강조하고 또 강조 했지만 참을성 있게 딱딱 십일에서 십오일정도에 한 번씩 물을 줬을 뿐이라고 했다. 내 집의 다육이 들은 관엽수 들을 관수할 때 옆에 있는 다육이들이 너무 말라 불쌍하게 보여 조금씩 물을 주는 바람에 웃자라서 목을 길게 빼고 늘어지기도 했는데 언니는 어쩌면 오동통하고 줄기는 굵고 땅딸막하게 화원에서 파는 것 보다 더 예쁘게 키우고 있는 것이 아닌가.

언니는 항상 동생인 나에게 하는 말이 “어쩌면 우리는 같은 자매인데 넌 재주가 그렇게 좋으니?” 여러 번 들어 본 말 이었다. “언니, 사람은 누구나 잘 하는 게 다 있는 거야, 언니는 다육이를 이렇게 예쁘게 키워 놓잖아” 내가 분양해줘서 갖다 키운 다육이 들이 내 것보다 훨씬 우량아로 키워 놓으니 난 참으로 기뻤다. 자세히 보니 자세가 조금 틀어진 것들은 조그만 막대기를 지주 삼아 묶어 주기도 하고 꽤나 정성을 들여서 키웠던 것이었다. 다육이 들도 한 겨울나기에 발맞추어 주황색 보라색으로 물들어서 더욱 예뻤다. 나는 언니에게 살림도 깔끔하게 하고 다육이도 잘 키우고 하니 "우리 언니를 칭찬 합니다." 하고 박수를 짝짝 쳐 주었더니 활짝 웃는 언니의 모습에서 천진한 아기표정을 엿볼 수 있었다. 뒤에 하는 말이 "내가 낙이 생겼어, 주로 TV를 많이 시청했었는데 저 다육이 들여다보는 게 낙이 되었단다. 봄이 되면 거름흙을 조금 더 얹어 줄려고 해" 하면서 언니는 웃고 있었다.

산자고 등燈

어머니는 오늘도 아침부터 점심 도시락을 싸시고
어린 두 손자 앞세우며 논으로 가신다.
아침결에는 앙증맞은 멜빵바지를 입고 두 주머니에는 감자 한 알,
옥수수 한 자루씩 들려있다.
일찍이 남편을 여의고 억척스러울 수밖에 없던 시어머니.
두 손자의 어리광에 하루해가 짧기만 한데 거기에다 농사일까지도
힘들지 않은 이유는 눈에 넣어도 아프지 않은 손자 바라기.

긴 장대를 든 큰 손자가 "할머니, 빨리 나와 물에 빠지잖아"

소리치면 동생인 작은 손자도 "할머니이" 하고 따라 부른다고.

노을이 뉘엿거리며 서녘에 물들면 코빼기에 진흙 한 꼭지, 앞자락엔 쓱쓱 문지른 굳어진 콧물 군단, 흘러내린 멜빵을 연신 올려가며 흙투성이도 아랑곳하지 않고 긴 장대를 가랑이에 낀 두 손자 앞세우고 돌아오시던 어머니.

퇴근하다가 그 모습과 마주하면 어찌 마음에 파도가 일지 않을까. 그러면서도 어머니의 노고보다는 솔직히 우선 눈앞에 벌어진 두 아들의 꾀죄죄한 모습에 화가 치밀기도 하였다. 하루 종일 논에서 두 손자를 거두며 새를 쫓아 목소리마저 쉰 목소리가 되어 버린 어머니, 생활력이 강한 것도 어떤 때는 한계를 느끼며 이러지 않으면 살 수 없는 것인가 하며 주위를 둘러보게 된다.

매일 보는 사람이 어찌 귀하랴. 어쩌다 한 번 마주하는 얼굴이 반갑고 또 반가운 게 어쩔 수 없는 인간인지라 특별한 날에만 큰집(우리 집)에 오는 아래 동서들을 더욱 반가이 맞이하고 밀린 정담들을 나누느라 주방에는 항상 큰며느리인 나만 동당거리며 분주해도 어머니와 동서들은 이야기에 빠져 시간 가는 줄을 모른다.

나와 어머니는 그렇게 살가울 수가 없는 처지였지만 어쩌다 하루 비끼는 날이면 또 그렇게 기다림과 애틋함 속에서 살아갔던가 보다. 보이지 않는 믿음과 사랑이 자리 잡고 있던 증표라고 생각된다.

지금은 각각 쓰임 받는 자리에서 어엿한 가장이 된 두 아들들은 할머니의 사진을 쓰다듬으며 '우리 할머니는 참 유난스러우셨어요.' 하면서도 사진까지 아주 각별히 모신다.

며느리의 종창을 산자고로 낫게 해준 시어머니, 이 얼마나 지혜로운 마음인가, 며느리의 맘을 헤아려야 당신의 아들이 맘 편히 지낼 수 있다는 평범한 진리를 산자고 시어머니는 터득한 것이었을까. 산에서 사는 자애로운 전설 속의 시어머니 꽃 "산자고".

어머니는 삶에 절어서인지 한집안의 사람들에게는 가식 없이 있는 그대로 말을 툭 툭 내뱉으셨다. 그러면 나에게는 화살이 되어 그대로 꽂히고 말았다. 마치 홈이 아니라 하우스에서 같이 산 세월이 34년, 바닷가의 몽돌이 될 만도 하건만 여린 나는 석 삭지 못하여 서운할 때가 하도 많았다.

아흔일곱의 연세를 일기로 저 먼 나라로 떠나셔서 지금은 계시지 않다.

내 서재에는 산자고꽃을 압축시켜 만든 압화 산자고 등이 있다. 불을 들이면 산자고꽃이 예쁘게 피어나는 등이다. 나는 불을 들일 때마다 돌아가신 어머니가 생각난다.

산자고 시어머니와는 사뭇 다른 성향이셨어도 오늘의 내가 존재할 수 있었던 것은 과정이야 어떻든 음으로 양으로 시어머니의 도움을 많이 받아 자아실현이라는 그림이 그려지고 있다고 생각하기에.....

연년생 두 아들을 눈에 넣어도 아프지 않은 손자들로 또 어머니께서는 행복한 마음으로 양육하셨던 걸 환히 기억하기 때문이다.

곧 네 번째 어머니의 기일이 돌아온다. 내 정성껏 제수 음식을 차려서 어머니를 뵙는 날이다. 난 추억을 떠올리며 어머니를 생각할 것이다.

산자고 등에 불을 들이고 촛불도 켜서 어머니 오시는 길을 환히 밝혀드리리. 그러면 답이라도 하듯이 뒷동산에선 산자고꽃이 봄 처녀처럼 다가올 것만 같다.

우리의 삶은 좋았던 시간과 향기만을 떠올리며 살아가는 게 현명한 답인 것 같다.

전라매일(2021)

운다와 노래한다

예전에 살던 단독 이층집은 조경이 비교적 잘 되어 있어 이층으로 된 정원이 있었다 여러 가지 정원수와 잔디가 심어져 있었는데 봄날 아침이면 직박구리 한 쌍이 날아와서 지저귀며 노닐었다.

한 마리가 이리 날면 또 한 마리가 쪼르르 따라 날고 저리 날면 또 쪼르르 따라 날면서 아주 금실이 좋아 보였다.

언젠가 초여름, 키가 조금 큰 박태기나무에다 둥지를 짓기 시작한 직박구리를 보며 나는 마음이 설레였다 둘이서 무슨 깃털 같은 것을 물어 오는 가하면 어디서 지푸라기, 휴지 같은 것도 물어 와서 동그란 모양을 형성해 가고 있었다.

어느새 둥지를 반도 더 지어가는 직박구리 부부를 가상히 여기며 기대에 부풀었다.

우리는 새가 지저귀는 소리를 보통 "새가 운다.라고 표현을 하는데 서양에서는 "새가 노래한다" 로 표현 한다는 글을 본 적이 있었다.

"운다(Crying)" 와 "노래한다(Sing)" 에는 듣는 이로 하여금 많은 차이가 있다 변화의 속도가 무척 빠른 요즈음이지만 오랜 기간 쌓인 애절한 한(限)속에서 살아온 역사와 문화를 가진 우리네 정서와 자유분방하고 개성이 강하며 더욱 개인주의적인 서양인들의 관습에서 오는 차이일까.

일찍이 조선 후기의 성리학자 외암(猥庵) 이간(李柬)은 "인간과 동물의 본성은 같다.라고 하였다 이것을 보면 새도 감정이 있다고 해석을 할 수도 있기에 울 수도 있고 노래할 수도 있을 것 같다는 생각이 든다.

아직 날지 못하는 아기새가 뱀의 공격을 받아 그만 새끼를 잃은 어미 새의 소리를 운다고 해야 옳고 한 쌍의 새가 신혼의 둥지를 만들면서 지저귈 때는 분명 기쁨의 노래를 하고 있음에 틀림이 없기 때문이다.

어느 날 저 괌 북서쪽 740km 해상에서 발생한 태풍이 우리 지방에도 영향을 주어 밤새 불어대는 강풍이 우거진 숲의 나무들을 흔들어대니 무성한 초록 잎들의 아우성에 조금 두려울 정도의 밤이 지나갔다.

나는 맨 먼저 정원에 나가 짓다 만 둥지를 찾았다.

그러나 설레고 기대했던 직박구리의 둥지는 산산이 부서져 그 아래 잔디밭에 사정없이 패대기 쳐져 있었다 그 이후 직박구리 부부의 모습은 다시 볼 수 없었다 .

둥지를 지을 때 서로 지저귀던 소리는 분명 노래였으리라.

전라매일(2021)

농와지경弄瓦之慶

수년 전 동남아 태국여행 시에 '씨 워킹' 을 체험했었는데 꼭 그 곳 같은 푸른 물속, 큰 구멍으로 들어가는 물고기를 발견했다. 빠른 속도로 가까이 다가가서 온힘을 다하여 아주 힘들게 잡아 빼내었다. "휴~"

빼내고 보니 아주 크고 뽀샤시 한 게 여간 예쁘지 않은 물고기였다. 은빛 비늘이 햇빛에 반짝거리니 더욱 고급스러운 느낌을 주는데 돌아 누며 눈이 떠져 깨어나 보니 꿈 이었다.

'이게 뭐지?'

참 희한한 꿈도 다 있구나. 생각하면서 시어머님께 낱낱이 말씀을 드리니 "야 대선이네 태몽인 갑다, 옛적부터 물고기 꿈은 태몽으로 알고 있응게, 함 물어 보그라" 하시는 것이었다.

나는 두 아들을 연년생으로 두었다 모두들 보는 족족 큰아들은 고전적으로 작은 아들은 현대적으로 다 잘 생겼다고들 했다.

시어머님은 두 손자를 정말 행복한 마음으로 양육하시는 것 같았다.

늦도록 농부였던 시어머님은 낮이면 논에 다녀오셔서도 두 손자를 깨끗이 씻겨 가지고 유모차에 태웠다. 그리고는 동네를 한 바퀴 도시곤 했는데 나중에 알고 보니 보는 사람마다 "손주가 참 예쁘게 생겼네요. 하는 이 말을 듣는 재미가 쏠쏠하고 하루의 피곤조차도 다 날릴 수 있기 때문이라고 하셨다.

그러던 두 아들이 어느새 성인이 되어 각자 전공대로 유수한 직장의 일원으로 각기 가정을 꾸린 것이다.

친구들 이야기나 또는 어떤 모임을 가 보던지 다들 장성한 자녀들 결혼 얘기는 주된 관심거리였다.

결혼을 생각도 하지 않는다는 이야기로 속이 터진다는 사람이 한 둘 늘어 가는데 우리 아들 둘은 비교적 적령에 결혼을 한 것이어서 한 시름 놓고 감사하게 생각하던 터였다.

갑자기 컬러링이 울려 받아보니 큰아들이다. 어쩌면 꼭 우리가 얘기하는 걸 들은 것처럼

"어머니, 머지않아 할머니가 되시겠어요" 하는 게 아닌가.

"그래? 그렇지 않아도 네 할머니와 꿈 이야기를 했단다"

"무슨 꿈인데요?"

나는 꿈 이야기를 자세히 해 주면서 할머니가 그러시는데 태몽이라고 하셨다니 마구 웃었다.

열 달이 지난 후에 며느리는 딸을 순산했다. 외부인과 유리창 밖에서만 상면할 수 있다 해서 올라가 보니 어쩌면 내 꿈속에서 보았던 그 은빛으로 뽀샤시한 피부를 갖고 태어난 것이다.

우리 가정에 행운의 여신은 비껴가지 않았다. 행복 바이러스가 기웃기웃 하더니 우리의 품안을 파고 든 것이다.

우리는 기쁨을 가득 안고 할머니 할아버지가 되었다. 첫 손녀가 태어나던 날은 부웅 들뜬 사춘기 소녀 마냥 가슴이 두근두근하며 웃음소리도 높아졌다. 만물이 사랑스럽고 참 편안하였다.

우리의 영혼까지 아드레나린이 퐁퐁 솟아나는 이 농와지경弄瓦之慶은 누구나 다 경험하는 것은 분명 아닐 것이다.

나는 딸을 갖지 못하여 더욱 첫 손녀에 애착이 가는지도 모른다.

여하튼 우리에게 행복의 패스워드를 안겨 준 첫 손녀의 이름은 '김나우' 다.

전라매일(2022. 7.)

직박구리 부부

모든 동물에는 짝이 있다.

하찮은 미물에서부터 큰 동물에 이르기 까지.

아침이면 까치가 요란하다.

창문을 열고 내다보면 꼭 자웅 두 마리가 같이 날아다니면서 짖어대는데 그것도 해가 동쪽에서 비스듬히 중천을 향해 올라가면 소리는 끊기면서 눈에 잘 띄지 않게 옮겨 간다.

문인화를 교습 받으러 다닐 때의 이야기다.

선생님 댁은 양옥 이층집이었는데 남향으로 앞에 잔디를 깐 정원이 있었다.

그곳에는 여러 가지 정원수가 심어져 있었는데 아침이면 매일 직박구리 한 쌍이 날아와서 노닌다고 하셨다 한 마리가 이리 날면 또 한 마리가 쪼르르 따라 날고 저리 날면 또 쪼르르 따라 날면서 아주 금실이 좋아 보인다고 하셨다.

언젠가 초여름, 키가 조금 큰 박태기나무에다 둥지를 짓기 시작한 직박구리를 보며 우리는 마음이 설레였다 둘이서 무슨 깃털 같은 집 재료를 물어 오는 가하면 어디서 지푸라기 같은 것도 물어 와서 동그란 모양을 형성해 가고 있었다.

어느새 둥지를 반도 더 지어가는 직박구리 부부를 가상히 여기며 마음속으로 퍽 기뻤다 그네들에게도 뭔가 새로운 생명을 부화시켜 대를 이어가고 퍼뜨릴 수 있는 조건이 적당히 맞으니까 그 박태기나무를 선택한 것으로 보였다.

여름철의 불청객인 태풍이 우리 지방에도 영향을 주어 밤새 불어대는 강풍이 창문도 흔들고 저 아래 놀이터 주변의 우거진 숲의 나무들을 흔들어대니 무성한 초록 잎들의 아우성으로 무척이나 소란하고 조금 두려울 정도의 밤이 지나갔다.

아침이 되니 언제 그랬냐는 듯이 하늘은 차분히 개인 얼굴로 우리를 맞이한다.

나는 어제 그제 연습한 그림을 지통에 말아서 넣고 가벼운 발걸음으로 선생님 댁을 방문하였다 근데 맞이하는 선생님의 표정이 왠지 침울한 듯 느껴졌다.

나는 "선생님, 직박구리 둥지는 다 지어졌는가요?" 했더니

"아니요, 어제 태풍에 그만 산산이 부서져 땅에 떨어져서 저만치 날아가 있드라구요."

'아 그래서 선생님 표정이 그렇게 어두웠었구나.' 나는 직감하였다.

"아 고 귀여운 것들이 그 옆에 튼튼하고 더 우거진 금목서 나무에다 집을 지었으면 그런 낭패를 보지 않았으련만, 쯧 쯧 쯧.

하고 혀를 차셨다.

그 뒤로 직박구리 부부는 오지 않아서 볼 수가 없었다. 서운한 맘이 여러 날을 흘렀다. 직박구리는 봄이면 두 세 개의 알을 낳고 한 2주간 정도를 암컷이 품어 가지고 새 생명을 탄생시키는 것이다.

거의 완성되어 가던 둥지를 잃은 직박구리 부부는 어디로 떠난 것일까. 이 계절을 그냥 보낼 리는 없을 것이다. 자연의 섭리는 언제나 순환하며 정직하기에 또 다른 나무에 부지런히 건축재료들을 물어 날라서 둥지를 지을 것이다. 한 번의 실패를 교훈삼아 더욱 튼튼한 나무에다 둥지를 틀기를 바라는 마음이다.

그리하여 자손을 퍼뜨리는 자연의 순리에 순응하면서 말이다.

전라매일(2022)

비교는 독毒

지난 1993년에 전북교육회보의 원고청탁을 받고 써 보낸 글을 보니 그 때나 지금이나 학부모와 우리 아이들의 모습이 별반 다름이 없는 걸 보고 깜짝 놀랐다.

아이들이 학교교육이 끝나면 부모님의 짜여진 스케쥴에 따라 학원을 돌아 돌아서 오느라고 여념이 없다 홍수처럼 넘쳐나는 정보 속에서 옆 동 00은 학원을 다섯 군데 다녀서 오고 같은 라인 12층 00은 여섯 군데를 돌아야 집에 온다는 것이다. 이러지 않으면 엄마들은 '우리 아이만 뒤떨어지는 것 아닌가' 하는 조바심으로 많은 스트레스를 받아서 병이 나니 내 아이도 역시 여섯 군데를 돌고 돌아오면 겨우 저녁밥 먹을 시간이다.

이게 바로 "헬리콥터 맘" 유사 증세이다. 서양에서는 "잔디

깎기 부모" 라고도 한다. 부모 중 유독 어머니들이 심하다 자녀들이 자라가는 도중에 많은 시행착오를 경험함으로서 조금 늦더라도 자기 주도적인 학습과 본인이 삶의 주체가 되어 해결해 나가는 능력이 길러지게 됨은 자명한 사실이다. 그러나 이러한 부모 밑에서 자란 아이들은 성인이 되어서도 이미 챙겨 주는 대로 받기만 하는 데에 습관화되어서 무슨 일을 결정하거나 어떤 것을 선택할 때 나타나는 게 있는데 이것이 바로 결정 장애 또는 선택장애 현상으로 "햄릿 증후군" 이라고 하며 결국 머뭇거리며 결정을 못하고 미루는 태도를 보이는 것이다.

우리는 여기서 아프리카 남부지방에 서식하고 있는 초식동물인 스프링 벅을 생각해 보자. 이 스프링 벅은 소과의 포유류로서 좀 약한 동물에 속한다. 그래서 수백 마리가 대형무리를 지어 사는데 시속 94km의 빠른 발로 치타를 따돌리기도 하는 동물이다.

이들은 선천적으로 남달리 좋은 식성을 타고난 지라 무리지어 풀을 뜯어 먹다가도 뒤에서 풀을 먹던 녀석이 앞선 녀석보다 더 많은 풀을 뜯기 위해 앞으로 달려 나갔고 그 앞의 녀석은 자리를 빼앗기지 않기 위해 더 빨리 앞으로 달려 나가고 풀을 뜯기 위한 목적은 상실한 채 죽을 힘을 다해 달리다가 가속도에 의해 강이나 절벽이 나와도 멈추지 못한 채 뛰어 들어 집단

떼죽음을 당하는 것이 바로 "스프링 벅 현상" 이다.

여기서 우리는 우리 자녀들의 교육도 생각해 볼 일이다. 불안한 심리를 어쩌지 못하고 남들 따라 하다 보면 그만 나 자신 원래의 목적을 잃어버리고 있지나 않은지 돌아 볼 일이다.

인생의 목적은 누가 먼저 도착하느냐의 속도가 문제가 아니라 어디로 향하고 있는지 방향이 더 중요하다고 했듯이

당당한 자신감을 갖고 아무런 의미도 없는 비교로 시간과 정신을 소모하고 낭비하며 불안해 할 필요가 없다는 것을 깨달아야 한다.

전라매일(2022)

운동 신경

어느 새 십년 하고도 일년이 지나가고 있다. 그러니까 십일 년 전 이른 겨울 동짓달 스무엿새에 큰 아들이 결혼식을 올리고 그 후 삼 개월 뒤에 작은 아들이 결혼식을 올렸는데 청담동에서 한복을 맞추어 입고 ㅇㅇ호텔 두베 홀에서 혼례식에 참석한 게 엊그제 같다.

"할머니, 저 나운데요 오늘 학교에서 줄넘기 대회를 했는데 1등을 했어요." 폰을 타고 들려오는 손녀의 목소리는 붕 뜬 목소리로 기쁨이 넘쳐흘렀다.

"와 그러니? 우리 나우가 줄넘기를 그렇게 잘 하는 거야?"

할머니도 기분이 굉장히 좋은데?

큰 손녀 나우는 3학년 인데 친가에 내려올 때도 항상 줄넘기

줄을 가지고 다니면서 줄넘기를 하곤 했던 것을 나도 환히 알고 있던 터라서 여간 반가운 게 아니었다.

그리고 작은 손녀 세은이는 또 그렇게 태권도에 일가견이 있었다. 그 여린 몸에 어쩜 그렇게 절도 있는 동작이 나오는지 놀랐다.

기초부터 순서 하나 잊지 않고 잘 해내는지, 또 대련할 때의 입술을 굳게 다물고 척척 해내는 모습은 가히 놀랄만 하였다.

하긴 나 역시 ㅇㅇ여중학교 입학을 했는데 운동장 맨 끝에 아주 커다란 그네가 있었다. 나는 쉬는 시간마다 뛰어가서 그네를 타고 시작종이 울리면 잽싸게 들어오곤 하였다. 그때는 그네 타는 것이 그렇게 재미있을 수가 없는 것이었다. 그리고 2학년 때 체육 시간에 줄넘기를 했는데 제 자리에서 줄넘기를 한 번 뛸 때 줄을 빨리 두 번 돌려서 착지를 하는 것이었다. 즉 한마디로 두 번 넘기였다. 나는 우리 반에서 두 번 넘기를 예순세 번을 해 가지고 선생님께 칭찬받았던 일이 생각난다.

그리고 3학년 때는 담임선생님이 사회과 담당 선생님이셨는데 어떤 연유인지 나를 운동장에 나오라고 하셔서 나갔더니 정구채를 주시면서 잡는 법을 알려 주시고는 중앙의 네트를 공을 쳐서 넘기는 연습을 시키셨다. 나는 그 때부터 학급대표 정구 선수가 되었다. 그런데 그 정구를 하느라 그네타기와 줄넘기는 하지 않고 잊혀지고 있었다.

3학년 담임선생님께서는 어느 면에서 나의 운동신경을 캐취해 낸 것일까.

그리하여 ㅇㅇ여고에 가서도 교내 구기대회에서 항상 학급대표로 정구를 하고 이어서 ㅇㅇ교대에 입학해서도 반대표로 정구를 한 것을 보면 내 몸 속에 운동신경이 있는 걸로 나는 알고 있었다.

ㅇㅇ초등학교로 발령을 받고 다닐 때였다. 가 지역의 시내에 있는 집에서 시 주변 나 지역의 학교를 자가용으로 출 퇴근하는데 동료 교사로부터 들은 이야기이다. 한 번은 퇴근할 때 내 차를 뒤 딸아 가며 뒤에서 보았는데 앞에서 어떤 다른 차가 중앙선을 조금 넘으면서 내 차와 부딪치게 생긴 순간 내가 재빨리 핸들을 오른쪽으로 꺾어 방어 운전을 하는 것을 보고 운동신경이 좋다는 것을 알았다는 후 일담 이었다.

이렇듯 나의 DNA가 아들들로 옮겨져 또다시 손자 손녀들에게로 옮겨 간 것이나 아닌지, 우리 손자 손녀들은 모두 다 운동신경이 발달한 것 같아 너무 감사하게 생각한다.

아버지의 구두

배정선 할아버지는 덕실 댁 이씨 할머니와 결혼해서 아들을 얻었다 그 아들이 내 아버지다.

아들을 얻고 화목하게 살아야 할 두 분의 사이에는 싸늘한 냉기로 휩싸인 채 소위 말하는 공방이 시작되어 할머니는 보따리를 싸서 집을 나오게 되었다 할아버지가 보지 않으려 하고 밖으로만 나돌므로 할머니는 어린 아들을 놔 둔 채 헤어지게 된 것이라고 전해 들었다.

할아버지는 그 때 이미 다른 여자를 알고 지낸 것으로 보였다. 그리하여 배다른 아들과 딸을 얻어 호적에다 올려 느닷없이 동생이 둘이나 생겼다 내게는 친할머니라는 분은 계시지 않고 아버지는 계모 밑에서 생활하게 되었다. 그 때 할아버지는

ㅇㅇ토건회사 사장이었다. 계모와 뜻이 맞지 않은 아버지는 매사에 트러블이 나서 계모를 어머니라고 부르지 않았다고 하였다.

그리하여 그 외로운 유랑생활이 시작된 것이다. 중학교를 졸업한 아버지는 한문과 일본어를 잘 하셨던 걸로 기억되지만 몸과 마음의 안식처가 되지 못하는 집에는 도통 정붙일 데가 없으니 할아버지께 지원을 받아 멀리 만주로 길림성으로 북한 금강산으로 좋게 말하면 여행이지만 낳아준 어머니가 부재하는 가정으로 부터의 도피생활을 하신 것이다. 나중에 돌아와서는 장남이므로 할아버지와 함께 00토건회사의 일을 같이 맡아 하셨다고 했다

내가 어렸을 때 우리 집의 현관에 신발장이 있었는데 맨 위칸의 구석에 무슨 구두 한 켤레가 밑창이 벌어진 채 쪼그라져 있는 걸 보고 어머니께 물었더니 아버지가 젊어서 훠훠 떠돌아 다녔을 때 신었던 구두라고 일러주시면서 아버지의 방황했던 젊은 시절의 이야기를 알게 되었던 것이다.

우리 형제자매들은 이렇게 불우한 청년 시절을 보낸 아버지가 참 측은하게 느껴졌다. 그래서 더욱 아버지를 존경하고 가까운 스킨십 같은 것은 없었어도 괜히 좋았고 애틋하게 생각되었다.

나는 지금도 그 배다른 고모를 고모라 부르면서 명절이면 꼭 찾아뵙곤 한다 그런데 한 가지 이해하기 어려운 일이 있었다 내 어머니가 별세하셨을 때 나는 고모한테 연락을 해 드렸다.

그런데 고모는 우리 어머니와 시누이올케 사이인데도 장례식에 참석을 안 하셨다 난 그 일이 매우 서운하고 상식적이지 못한 일로 생각되어 발길이 저절로 돌아서게 되었다.

한두 핸가 연락 없이 지내는데 “애야, 고모랑 서로 잘 지내야지.” 하시는 아버지의 영현을 보고는 소스라쳐 깨어나 보니 꿈이었다. 그 꿈 이후로 나는 다시 고모 댁을 찾기 시작했는데 오늘에 이르렀다.

고모의 연세가 올해 94세이시다. 특별히 건강관리를 하는 것은 아닌데 총기도 좋으시고 말씀도 잘하시는 걸로 보아 100세 장수가 무난할 것 같아 보인다.

고모를 마주하면 아버지 이야기랑 아버지의 모습이 저절로 소환되어 옛 그리며 아슴한 추억에 빠져들게 되어 잠시 정화되는 느낌으로 그리움과 함께 애틋한 기분에 휩싸이면서도 좋다.

이 내용을 시조로 엮어 본다.

구두

꽃잠이 지나간 뒤 오던 길로 발길 돌려
보퉁이 옆에 끼고 뒤돌아보며 가신 할머니
별 하나 제 살 돋우니 아버지 한목숨이다

어둠은 수렁에서 다른 불새 맞아들이니
온기 없는 쪽방에서 까치발로 서성이다
그래도 발등 덮어주는 조그만 그 굴속

살에는 길 따라 금강산에 만주벌판으로
그리움을 다독이며 비벼 뜨는 속울음
신발장 한구석을 차지하고 있는 아버지

엄마의 숨구멍

엄마가 가장 사랑하는 것으로 없으면 절대로 안 되는 것이 있다.

그것은 바로 '장날 표 호미' 다.

늘 하시는 말씀이 "내 호미가 우리 4남매와 나를 살렸제" 하시며 이른 아침과 낮참 후의 두 차례 물때를 빼고는 하루를 거의 갯바닥에서 살다시피 했다. 학교 갔다 돌아와서 휑한 방을 확인하면 늘 물 빠진 갯바닥에 쭈그리고 앉아서 호미로 갯바닥을 파고 긁어서 조개를 캐는 엄마를 볼 수 있었다.

먼바다에 나가서 돌아오지 않는 아버지를 기다리며 행여라도 오시면 제일 먼저 달려가 맞으려고 하루도 거르지 못한다고 했다.

아무도 없는 곳에 주춧돌을 심고 기둥을 세워 움막처럼 집을 지어 살다가 지금의 집을 지었다고 했다.

엄마는 바다를 보물창고라고 부르며 날마다 바지락, 조개 등을 캐어 날라다가 조갯살을 넣어 아침이면 된장국, 점심이면 와그라탕, 저녁에는 몰 무침으로 식구들의 끼니를 이어갔다.

아버지가 바다에서 영 돌아오지 않자 자식들과 살 일에 남부끄러울 게 어디 있느냐며 엄마는 등에 톳이며 모자반, 꼬시래기 등 해조류를 가득가득 짊어지고 날랐다.

매서운 바닷바람에 거칠어진 손등이며 그을린 얼굴에 주름만 늘어가도 상관없다고 하며

'바다가 없었다면 내 어찌 살았을꼬' 웅얼 웅얼 혼잣말을 하였다.

잠시 휘청거리다가도 오뚜기처럼 일어나 또 바다로 나갔다.

엄마는 내게 "부지런만 하면 바다는 먹을 것을 다 내어 주지 또 바다는 엄마의 아무 얘기나 다 들어 준다" 고 엄마의 숨구멍이나 한가지라고 했다.

바다 끝 수평선에 지는 해를 바라보며

"여보, 오늘도 잘 주무시우, 인자 나도 갈라요" 하며 돌아서는지도 모르겠다.

(KBS 6시내고향을 보고)

K 컬처, 전 세계로 확산되다

헤겔은 문화란 '인간이 현실을 이해하고 지배할 수 있게 해주는 역사적 과정'이라고 말하고 있다. 21세기는 군사적 · 경제적 힘의 하드웨어 중심에서 이제는 문화적 소프트 중심의 힘으로 패러다임이 전환되고 있는 시대라고 일컫고 있다. 한류로 불리던 K콘텐츠 문화상품은 드라마에서 시작되어 K팝으로 확장되어 자체가 지닌 다양화와 코로나19 팬데믹에 따른 비대면 환경 등으로 해외수출 증가와 주요한 문화플랫폼으로 드라마와 음악을 넘어 게임과 웹툰 등 대중문화 전반을 포괄하여 일상화가 되어 우리에게 와있다.

지난 2003년에 방영된 '대장금'으로 한류의 음식문화가 알려지기 시작하여 2년 전 K-드라마〈오징어 게임〉의 최고 시청

률에 이어 제75회 에미상에서 감독상과 남우 주연상 등 총 6개 부문을 수상하는 쾌거, 〈기생충〉 〈오징어게임〉 〈이상한 변호사 우영우〉 등의 흥행이 이어지면서 K-무비와 K-드라마는 일회성이 아니라 지속적으로 해외에서 인기를 얻고 있다.

K-팝은 BTS, 블랙핑크 그런 아이돌을 필두로 K-팝이 번성했고 또 〈기생충〉 〈오징어게임〉 〈이상한 변호사 우영우〉 등 K-콘텐츠가 세몰이를 했다 그리고 임윤찬 피아니스트와 같은 K-클래식, 이날치 밴드와 같은 K-소리도 세계적인 선풍을 일으켰다 동시에 해외 통신원 제도가 42개국 46개 지역에서 현재 운영되고 있다.

행사 중심으로는 작년 미국에서 열린 한미 수교 140주년 행사에서 뉴욕 센트럴 파크에서 있었던 코리아 가요제에서는 현지 팬들이 떼창을 불렀고 카자흐스탄에서는 수교 30주년 기념행사 때 K-팝 콘서트는 전 좌석 만석을 기록했으며 한-베트남 등불문화축제를 했는데 하노이 시민과 외국인 관광객 등 8만여 명이 다녀갔다.

그 외 우즈베키스탄, 멕시코, 세르반테스 축제 등에서 많은 인기로 성황을 이루어 한국 콘텐츠의 위상은 갈수록 열띤 반응을 얻고 이제 한류는 하나의 현상에서 장르가 되었다.

그리하여 한국 소프트 파워의 증진, 문화 매력 강국으로서

위상과 위력을 체감하고 있다.

동아시아 지역에서는 얼마 전 불타는 트롯맨에서 1위(상금 6억 3천만 원)를 한 손태진의 〈월량대표아적심〉 영화 '첨밀밀' 의 OST로 유명한 노래를 말레이시아 게릴라 버스킹 뮤직쇼를 보여 주며 "이제는 전 세계다!" 를 외치며 버스킹 투어를 시작했다.

K-팝, K-드라마, K-웹툰 . . .K자가 붙은 우리 대한민국의 콘텐츠들이 전 세계적으로 사랑을 받으면서 지난해 우리나라 문화예술 저작권 무역수지가 사상 최대 흑자를 기록하였다.

K팝 스타들의 월드투어 와 함께 K-드라마도 다양한 국내외 OTT 플랫폼을 타고 전 세계적으로 이목을 집중시켰다.

'오징어 게임' 을 시작으로 '이상한 변호사 우영우' '지금 우리 학교는' '더 글로리' 가 폭발적인 인기를 얻는 등, K-콘텐츠의 흥행이 수출의 구원투수로 떠오르면서 신흥강자로 떠오르는 K-콘텐츠에 대한 기대가 증폭되고 있는 게 현실이다.

이런 여러 가지 정황으로 보아 매우 긍정적인 한국인의 자부심을 가지며 앞으로 더욱 발전시켜서 부가가치를 높이고 세계 시장점유율을 더욱 높여 "세계 속의 한국" 으로 인종의 벽을 넘어 좋아하고 모르는 사람이 없도록 자리매김을 하여 대한민국의 위상을 더 더욱 높여야겠다.

윤달

오늘 밤은 내 생에 가슴을 짓누르고 있던 큰 돌덩이를 내려놓은 듯 후련한 밤으로 기억에 남을 것이다.

“여보세요, 어제 우리 장례원에 김○○님을 모셨었지요? 오늘 용케 한 자리를 잡았으니까 내일 12시까지 이곳으로 나와 주셔야 하겠습니다.”

“예? 내일요?”

두 아들이 어제 날짜에 화장을 한다고 한 종손의 착오로 어제 내려왔다 올라갔는데 오늘 또다시 내려와야 한다니 참 난감하였다. 한 자리라는 것은 화장火葬할 수 있는 한 자리를 말하는 것으로서 어제 말로는 모든 자손들이 2월 윤달만을 기다리고 있던 터라 예약은 진작에 끝났고 아예 번호를 탈 수가 없어서 언제 날짜가 정해질지 모르니 잡히는 대로 연락을 해주겠다고 해서 두 아들들도 그렇게 이해하고 올라갔던 것이다. 각자 직장에 매인 몸들인데 형편이 어떻게 돌아가는지 걱정 반, 생각 반, 고심 끝에 별수 없이 큰아들에게 전화를 넣었다.

"아, 그러신가요? 어제 그분들이 4월이 될지 5월이 될지 모르겠다고 말했는데 정말 빨리 잡혔네요."

나는 아들들이 힘들어지니 걱정을 하는 한편, 화장 일자가 바로 잡혀서 퍽 다행으로 여겼다.

우리 집은 내가 결혼하여 들어와 보니 남편을 비롯하여 아들 셋, 딸 다섯의 팔남매였다. 시아버님은 돌아가신 지가 아주 오래되어 사진으로만 뵐 수 있었다. 홀시어머니를 모시고 그중 남편은 장남이었다. 나는 34년간을 시어머니를 모시면서 직장 생활(교사)을 하였다.

자라고 살아온 환경이 다른 사람들끼리의 생활에서 부딪히는 것은 한 두 가지가 아니어서 애로사항이 무척 많았지만 시어머님 45세에 시아버님 49세로 유명을 달리하셨다는 말을 듣고서는 시어머님의 고충이 얼마나 컸을까 하는 생각이 들었다. 결혼 후 태어난 우리 두 아들을 시어머니께서는 세상에 둘도 없는 손주로 지극 정성으로 양육해 주셨기에 모든 것을 묻고 감사하게 생각하며 살았다. 시어머님은 건강하시고 참 부지런하셨다 그리고 알뜰하고 생활력이 무척 강하셔서 나는 흉내도 내지 못할 터였다.

멈추지 않고 흐르는 세월 속에 시어머님께 치매가 생겼다는 걸 알게 된 것은 그때 연세가 92세였을 때인데 "애미야, 저 마당에 나락을 언제 타작하려고 안 하는 거냐?" 하시는 것이었다.

"어머니, 무슨 말씀이예요, 어디에 나락이 있어요?" 대답을 하니 안방에누워 이불을 끌어당겨 덮으면서 "저기 나락 말이다." 눈을 감은 채 그러시는 것이었다.

저녁에 남편에게 이런 일이 있었다고 얘기를 하니 그냥 심드렁하니 "옛날에 농사지을 때 생각이 나셨나 보다" 하며 지나쳤다.

그 후 여러 가지 이상한 일이 자꾸 생겨나니 돌아가실 때까지 모시고 살겠다던 남편이 요양원을 알아보기 시작하였다.

대신에 집에서 제일 가까운 곳에 위치한 요양원을 택하여 모시게 되었다. 남편은 가깝게 모셔놓고 매일매일 찾아다녔다. 그 후로 요양병원으로 옮겨 모셨는데 다른 질병은 없고 혈압약만 드시니 요양원으로 다시 옮겨 모시다가 97세 되던 세밑 12월 20일에 별세하셨다.

한류의 열풍과 세계문학으로서의 시조의 미학

서론

한류(Hallyu, The Korean Wave)는 1990년대 말부터 한국의 영화, TV 드라마, 가요 등과 같은 대중문화(popular culture)가 중국, 일본, 대만을 비롯하여 베트남, 태국, 싱가포르 등 동남아 지역으로 확산되면서 시작되었다.

한류는 "아시아 국가들의 경제발전 및 사회 · 문화변화에 따른 다양한 문화 콘텐츠에 대한 욕구 증대와 한국 대중문화 콘텐츠의 질적 향상으로 인한 한국 대중문화에 대한 외국의 선호 현상과 확산과정" 으로 정의 할 수 있다.

본론

우리에게 부여된 과제, 즉 한류의 열풍에 따른 시조 창작 및 번역에 관련된 내용으로 어떤 내용이 올라와 있는지를 알아보기 위해 여러 가지 자료를 검색하고 참고를 하였다.

한류의 영향 등으로 한국 문학에 대한 관심이 확대되고 외국어 독자들을 대상으로 한 한국문학(韓國文學) 번역 및 교육의 필요성 또한 더욱 부각되고 있다.

이러한 상황에서 시조 종주국(宗主國)의 연구자들이 시조 번역이 어떤 실천적 행위이며 어떤 어려움이 있고 그 어려움에 어떻게 대응함으로써 원 시조가 영역 시조로 어떻게 재창조되고 있는지를 구체적으로 이해할 필요가 있다. 이것이 문제의식이다.

구체적인 논의를 위하여 럿트(R.Rutt)의 시조 영역 활동을 예로 삼았다. 럿트의 영역 시조를 원 시조와 견주어 살펴봄으로써, 문화 텍스트이자 문학 텍스트인 시조 번역의 어려움과 한계를 확인할 수 있었다.

구체적으로 영어의 문법 체계에는 존재하지 않지만 시조의 전반적인 분위기나 어조에 영향을 미치는 조사를 번역하는 문제, 상황이나 상태를 기술하는 평가어인 형용사를 번역하는 문제, 여러 의미가 압축되어 있는 한자어를 번역하는 문제, '절로'

등 특별한 시어이자 문화어를 번역하는 문제가 있었고, 무엇보다도 시조 형식과 관련하여 시조다움을 영어로 옮겨야 하는 미학적 차원의 문제가 크게 부각 됨을 확인할 수 있었다.

럿트가 번역한 시조는 그 모든 차원의 문제와 어려움에 대한 그의 답변이자 창조적 해결이라고 할 수 있는데, 럿트는 번역을 통해 원시조와 유사하지만 동시에 구별되는 영어 시조의 세계를 보여주었다.

럿트와 그의 영역시조집이 끼친 영향력을 감안해 볼 때 럿트의 영역에 대한 이해는 그 자체로 영어 시조의 미학이 탄생하는 과정에 대한 이해라는 의미를 지닌다. 나아가 시조를 다른 언어로 번역하려고 할 때 부딪치거나 해결해야 할 과제가 무엇인지, 그 과제에 어떻게 대응할 것인지, 그 결과 어떤 일이 일어나는지에 대한 우리의 이해를 깊게 해준다. 럿트를 비롯한 미국 내 번역가들의 영역 시조가 완벽한 것은 물론 아니다.

그러나 원 시조에서 벗어난 부분이나 달라진 부분 등을 찾아 지적하고 비판하지는 않았다. 그것이 생산적이지 않다고 보았기 때문이다.

번역은 미완이고 늘 차선이며 더 나은 시조 번역을 찾아 떠나는 여정이 우리 앞에 여전히 놓여 있기 때문이다.

결론

번역의 여러 문제와 어려움에 대한 새로운 답이 얼마든지 가능할 것이다. 시조의 세계문학으로서의 보편성과 한국문학으로서의 고유성에 대한 이해를 깊게 하고 시조의 생산성을 확인할 수 있는 시조 번역에, 고시가 연구자들과 우리 같은 학생들 역시 여러 방식이나 수준으로 참여하기를 희망한다. 그 결과 세계문학으로서의 시조의 미학이 확장되고 진화하게 될 것이다.

경기대 대학원 시조창작학과 과제 논문 (2023)

4부

행여나 다가오는 님의 발소리 귀 크게 열어듣고 그리움에
지친 처연한 기다림
유정 배순금

아, 우리의 고구려 위대한 발자취여!

일이 손에 잡히지 않았다. 설레며 뒤척이기를 하루, 이틀……

그런 가운데 고구려 답사 연수의 초입은 다가왔다.

"씨잉,"

중국남방항공기가 은빛 날개를 힘차게 펼쳤다.

국제공항인 인천공항을 뒤로하고 창공을 가르며 머언 이천여 년 전의 공간과 시간 속으로……

하얀 구름바다 밑으로 펼쳐지는 요동 벌판.

"찌리릿" 전율이 일고 어느새 가까이 느껴지는 듯한 고구려의 숨결, 갖가지 상념 속에 "심양" 이란 글씨가 눈에 들어온다.

버스로 옮겨 한참을 달리고 있는 바깥 풍경은 어둠의 도시인가, 깨어진 유리창을 매단 채 나간 집 같은 건물과 무표정으로 오가는 사람들, 허름한 옷매무새 등 거의가 무채색들.

우리는 고구려의 드높은 기상을 처음 일구었던 환인을 향하고 있었다.

처음으로 대하는 중국 음식점은 이 빠진 주발, 접시에 향 짙은 낯선 음식들, 불결한 식탁보, 최악의 화장실, 우린 마음을 진정시키고 이국의 환경에 젖어 들어가려고 애썼다.

차창 밖으로 이어지는 풍경은 가도 가도 끝없는 드넓은 옥수수밭에, 말 쟁기, 사람쟁기, 이쪽 끝과 저쪽 끝에 부부인 듯 두 사람씩 일을 하고 있는 모습은 밀레의 "만종" 을 연상시키기도 하였다.

92%의 한족과 8%의 소수민족의 대집단, 반가운 것은 8%의 56개 소수민족 중의 조선족은 근면 성실하여 우수하다고……

고구려 첫 보금자리인 환인!

들여쌓기가 특징인 고구려 산성의 성벽 흔적을 보고 능선을 따라가다 보니 병사들을 지휘하는 장군의 거처인 점장대도 보았다. 끝없는 돌계단으로 이어져 다리는 후들후들, 경이로운 오녀산성을 봄으로 그나마 힘을 얻었다. 다음은 그 당시의 공묘로서 상고성자와 하고성자, 남의 집 텃밭에 방치된 적석묘

들로서 이름 모를 잡초들만 우거져 있어 우리의 버려진 역사를 두 눈으로 볼 수밖에 없는 현실이 안타까웠다.

두 번째 둥지인 국내성이 있는 집안(集安)!

흙먼지 휘날리는 비포장도로를 달려갔다. 덜컹거림에도 어느새 익숙해진 우리 답사 일행들. 갖가지 고구려 유적들이 집안 박물관을 가득 메우고 있었고 5회분 5호 묘를 보았다. 이제는 모두 입구를 봉하여 직접 들어가 볼 수 없는 벽화 고분, DVD 모니터를 통해서만 볼 수 있는 사신도며 39마리의 용이며 불의 신, 수레바퀴 신, 소머리 신, 해신, 달신, 대패질신, 돌에 직접 그린 그림을 보지 못해 너무 서운하고 안타까울 뿐이었다.

다음은 큰 기대를 안고 다가간 광개토왕비! 과연 기대 이상으로 만족감을 주었다.

이 호태왕은 24년간의 재위 기간 동안 '왕 중의 왕' 이란 뜻을 포함한다고……

높이 6.39미터, 불규칙 장방형으로 4면에 예서체로 44행, 1,775자의 금석문이었다. 지난번 국내 답사 차 고려대학교의 전시물 관람에서 또는 지면으로만 익히 알았기에 광개토왕비 실물을 눈과 머리, 가슴 속에 확연히 입력시키고는 다시 한번 뒤돌아보며 발걸음을 옮겼다.

"장군총!"

장수왕의 무덤으로 알고 있는 대형 돌무덤이다. 들여쌓기와 홈파기를 이용하여 천오백여 년을 자랑하고 있는 장군총, 1,100여 개의 커다란 강돌, 모두 7층의 웅장한 적석총이었다.

우리 고구려인들 놀라운 지혜와 힘이 엿보였다. 그 많고도 무거운 돌을 어떻게 다 옮겼을까.

우리는 이동하여 말로만 듣던 압록강을 보았다. 유유히 흐르고 있는 압록강, 7~8명씩 짝을 이루어 모터보드로 누비는 통쾌함이란……

북한 땅 산길을 광주리를 들고 돌아가고 있는 북한 주민들을 보고 우리는 손을 흔들었다. 한민족, 한겨레임을 절감케 하는 순간으로 답례를 하기도 하는 북한 주민들, 압록강 저편으로 인구 8만의 북한 만포시, 여자 박격포 부대 아파트가 보였다. 조중철교를 따라 우리는 철로를 걸었다. 북한과의 경계선까지, 하루에 2차례만 물자 왕래를 한다는 조중철교, 건너편에는 목욕하고 빨래하는 북한 인민군들, 그네들은 사진 촬영하고 즐거워하는 우리에게 무어라 소리를 쳐댔다.

우리는 한겨레, 한민족끼리 총부리를 겨누고 있는 현실에 다시 한번 가슴이 아파야 했다.

다시 버스로 이동하여

"국동대혈(國棟大穴)"을 보러 갔다.

5세기경 고구려왕이 '수신'을 맞이한 곳이라 했다. 당시 당당한 천자의 나라인 고구려가 "하늘에 제사를 지냈던 곳"이라고 했다. 강원도 환선굴의 입구를 조금 연상케 하는 매우 큰 동굴이었다.

아, 민족의 영산 백두산!

4인 1실의 밤기차 여행, 심난해 했던 것보다는 그래도 조금은 낭만스럽기도 했다. 밤새껏 기차를 타고 날이 밝아 이도백화의 미인송을 눈으로 즐기며 마음은 벌써 백두산을 향하고 있었다. 자작나무 숲을 만끽할 수 있는 백두산 자락, 무쏘형 4륜차를 타고 백두산에 올랐다. 어쩌면 그리도 쾌청할까. 천지가 한눈에 다 보였으니……

"와, 이 감격, 이 순간 영원하리라." 찰깍, 찰깍, 찰깍.

흑풍구로 트래킹하며 내려올 때 융단을 펼쳐 놓은 듯 아름답고 키 작은 야생화 군락은 지금도 눈에 선연하다. 백두산의 기후변화는 시간을 다투었다. 다음 팀들은 백두산 천지가 야속한 구름에 가리워져 다음 기회를 약속했다고……

"우르르, 쏴와 쏴아."

장백폭포는 과연 웅장하였다. 천지의 물이 장백폭포로 이어진다고, 온천수로 익힌 달걀, 옥수수 맛을 음미하고 온천욕으로 밀린 피로를 씻어냈다.

다음 날,

용정과 도문을 향하여 버스로 4시간 30분

멀리 일송정과 해란강을 지나며 우린 '선구자' 를 합창하고……

대성중학교 들어섰다. 민족의 저항시인 윤동주! 그 이름은 찬란히 빛나고 있었다. '하늘과 바람과 별과 시', '서시' 를 음미해 보며 두루 견학하고 방명록에 기록도 하였다. 금일봉도 전달하고……노래 속에서 지면을 통하여 말로만 듣던 두만강에 다다랐다. 이름과는 달리 너무 작은 강이었다. 개천처럼……

다음은 상해, 북경, 천진과 더불어 중국의 4대 도시인 심양으로

우리는 작은 규모의 비행기로 연길에서 심양으로 날아왔다. 중국은 성(省)별 자치제로서 빈부의 차가 격심한 듯……마지막 여장을 푼 상그리라 호텔을 꽤나 고급이었다.

마지막 날 북릉공원에 안장된 누르하치의 팔 남인 황태극의 묘와 고궁을 관람하였고 예정에도 없던 고대 중국 왕조의 후궁을 임명하는 후궁 임명식을 재현하는 모습과 신부가 붉은 드레스를 입고 하는 중국 결혼식까지 호텔 앞에서 우리는 실제로 접하는 행운이 있었으니……

5박6일의 고구려 답사 연수를 무사히 마친 이 기쁨, 우리 고구려사가 중국의 헛된 욕심으로 인하여 왜곡되지 않도록 우리는 이번 기회를 발판으로 삼아 자라나는 어린이들에게 진실한 교육자료로 활용되는 값진 역할을 해 내야겠다는 다짐을 하면서 이러한 연수는 더욱 확대하여 후배들에게 많은 기회가 주어지면 좋겠다는 생각을 해본다.

사회과고구려유적답서보고서(2005.6.13~6.18.)

고구려 고분벽화에 대하여

의의와 분포

고구려 벽화의 바탕은 크게 두 가지로 나눌 수 있다. 주로 초기에 그려진 춤무덤, 씨름무덤, 세칸무덤과 같이 벽에 회를 발라 그 위에 그림을 그린 경우와, 다섯 무덤(오회분) 사신무덤과 같이 잘 다듬은 돌 표면에 직접 그림을 그린 것으로, 이들은 모두 후기 벽화에 속한다.

고구려사 연구에 있어서 고분벽화가 차지하는 비중은 마치 현대의 매스컴과 같다고 볼 수 있다. 삼국사기가 당시의 정치, 경제, 사회, 문화를 기록으로 나타내주는 신문이라면, 벽화는 당시 사회의 모습을 생생하게 보여 주는 텔레비전 영상과 같은 것이다. 더욱이 삼국사기에 나타난 기사의 상당량이 외국 기자들이 피상적으로 쓴 외신을 인용 보도한 것이 많지만, 벽화는 고구려인들이 직접 제작한 생생한 화면 뉴스라는 점에서 큰 차이가 난다고 할 수 있다.

우리는 지구상에서 몇 안 되는 현대미술의 족보를 고스란히 보존하고 있는 복 받은 민족이다. 우리 선조가 1,500년 전에 그린 그림이 아직도 남아 숨 쉬고 있다는 것 자체만으로도 가슴 뿌듯한 자부와 긍지를 느끼지 않을 수 없는 것이다. 한 외국 학자는 “벽화는 현대미술의 족보입니다. 벽화를 보유하고 있는 민족은 핵무기를 보유하고 있는 민족보다 훨씬 위대하고 강합니다.” 라고 했다.(이종상, ‘아! 고구려’, 조선일보)

고구려 고분벽화는 현재까지 대략 95기가 발견되었다. 집안 지역에는 23기가 있는데, 모두루총, 환문총, 각저총(씨름무덤), 무용총(춤무덤), 삼실총, 통구사신총, 오회분(다섯무덤) 4호묘, 오회분(다섯무덤) 5호묘, 만보정 1368호분, 장천 1호분, 산연화총 등이 이곳에 있다. 또 최초의 수도였던 환인현 지역에는 미창구장군묘 1기가 발견되었다. 북한에서는 평양 지역에 동명왕릉, 진파리 1호분, 내리 1호분을 비롯해 24기가 있고, 천왕지신총, 요동성총 등 4기가 순천 지역에, 쌍영총, 강서중묘, 강서대묘, 덕흥리 고분, 약수리 고분 등 21기가 남포 지역에 있다. 또 팔청리 고분을 비롯한 6기가 대동지역에 있고, 기타 온천 지역에 2기, 평원 지역에 1기, 평성 지역에 1기 등 평양과 평안남도 지역에만 59기가 있다. 또 황해도에는 안악 지역을 중심으로 안악 3호분, 평정리 1호분을 비롯한 12기가 있다.

이렇듯 고분벽화는 집안 지역과 평양, 안악, 남포, 순천, 대동 지역 등 고구려의 중심부 지역에 집중적으로 분포되어 있다. 백제, 신라, 가야, 발해 및 고려에도 고분벽화가 있기는 하지만, 양과 질에서 고구려와 비할 바가 못된다. 고구려의 고분벽화는 고구려인의 혼이 담긴 위대한 예술 작품이며, 그들의 사상과 생활 모습이 담긴 고구려사의 귀중한 연구 자료이기도 하다.

벽화의 기원과 발전

고분벽화가 고구려에서 시작된 것은 아니다. 무덤 안에 그림을 그려 넣기 시작한 것은 한나라 시대의 산동성 지역을 중심으로 성행한 석관(石棺) 등에 그림을 새긴 후 채색하지 않는 화상석(畫像石)에서 고분벽화가 발전한다. 고구려에서 최초로 벽화가 그려진 고분은 만보정 1368호 고분으로 3세기 초로 추정된다.

이후 고구려의 고분벽화는 크게 발달한 반면, 중국에서는 요동 지방에 삼도호묘(三道壕墓)를 비롯한 10여 기의 무덤이 있었을 뿐, 고분벽화가 크게 발전하지 못한다. 북위 시대에는 낙양(洛陽) 지역에 6세기 초의 무덤이 몇 점 있을 뿐이며, 북위가 멸망한 후

동쪽에 세워진 동위와 복제의 경우는 대략 15기 정도의 무덤이 발견되었으나, 서쪽에 세워진 서위와 북주에는 겨울 4기 정도만이 있다. 남북조의 무덤들은 소재 면에서 고구려 고분벽화와 유사한 점이 많기는 하지만, 주로 무덤 주인의 연회 장면이나, 행렬도 등의 그림이 주가 된다. 청룡과 백호, 신인(神人), 기이한 동물 등의 그림이 있으나, 고구려 고분벽화에서 보는 짜임새와 치밀한 묘사, 생동감, 색채의 화려함 등은 보이지 않는다. 전체적으로 고구려 고분벽화와 비교할 수 없을 만큼 낮은 수준이다.

고분벽화는 주로 돌에 그림을 그리는 것인데, 돌을 이용한 무덤의 분포는 산동성, 요동성, 만주와 한반도 등 주로 과거 동이족이 거주했던 지역에 집중되어 있다는 특징이 있다. 남북조 시대 남조의 한족의 무덤에는 고분벽화가 없고, 북조의 것들은 벽돌에 그려진 것이 있을 뿐이다. 또한 요동 지방 석실묘의 고분벽화들은 선비족의 것들이 많은데, 선비족은 한족과 다른 동방 문화권에서 자라 온 종족이다. 더불어 고구려에서 고분벽화가 가장 발달하여 꽃피워졌다는 사실은 4~7세기 동아시아 문화를 이해하는 데 중요한 요소가 된다.

구조와 주제

벽화가 그려진 고분의 내부 구조를 살펴보면 가장 완전한 형태는 입구에서부터 시신이 놓여 있는 방까지 들어가기 위한 널길과, 무덤의 가운데에 있는 방인 앞방, 앞방 좌우에 있는 방인 곁방, 방과 방을 잇는 이음길, 그리고 무덤의 맨 뒤에 있으면서 시신을 놓는 널방의 구조로 되어 있다. 물론 이러한 구조물들이 모든 고구려 벽화무덤 전부에 있던 것은 아니다. 고구려의 벽화고분들은 초기에는 널방만 있는 간단한 구조에서 널방을 비롯해서 앞방, 곁방 등 여러 방이 있는 무덤들로 변해가기도 하지만, 후기에 들어서면 널길을 통과하면 널방이 있는 간단한 무덤으로 정리된다. 고구려의 고분은 초기의 거대한 무덤에서 후기에는 간략한 무덤으로 변해가는 추세를 보인다. 반면에 벽화의 색채나 내용은 후기로 갈수록 보다 발전한다.

고분벽화는 죽은 자를 위한 예술이다. 고분벽화는 가장 주된 주체에 따라 크게 인물 풍속, 장식 무늬, 사신도 고분벽화로 구분된다. 초기의 고분벽화는 주로 주인공의 생전에 즐거웠던 일들과 업적을 그린 인물 풍속도가 주로 그려졌다. 중기의 고분벽화에서는 각종 장식 무늬가 그려진다. 장식 무늬만이 전부인 경우도 있지만, 대개는 인물 풍속, 사신도와 함께 그려진다. 후기의 고분벽화는 사신도가 널방의 4벽을 가득 채우고, 천장에는 신선의 그림들이 그려지는 특징을 갖는다. 이같이 고분벽화는 시기에 따라 양태를 달리하며 다양하게 발전한다.

인물 풍속도 고분벽화

현재 남아있는 고분벽화 중 45기 무덤에서 생활 풍속을 벽화의 일부 혹은 전체의 주제로 삼고서 4~7세기 고구려인의 생활상을 전해주고 있다. 고분벽화에는 무덤 주인이 생전에 생활했던 모습을 매우 사실적으로 묘사하고 있다.

벽화의 주된 내용들은 고구려 귀족들이 죽기 전에 생활하던 모습들로 무덤 주인의 부부 그림, 야외 행렬 그림, 사냥하는 그림, 노래하고 춤추는 그림, 연회를 즐기는 그림, 생활 주변의 모습을 그린 그림, 각종 오락을 즐기는 그림, 해와 달, 별의 그림 등이다.

대표적인 무덤으로는 안악 3호분과 무용총(춤무덤), 수렵총, 각저총(씨름무덤), 덕흥리 벽화고분, 수산리 벽화고분, 장천1호분 등이 있다.

장식 무늬계 고분벽화

5세기에 들어서 고분벽화의 구성, 주제 설정에서 새롭게 등장하는 특징은 연꽃과 같은 장식 무늬의 비중이 크게 증가하는 것이다. 장식 무늬만이 그려진 벽화고분이 9기나 되며, 장식문의 비중이 큰 벽화는 대략 16기나 된다. 이들 중 13기가 집안지역에 밀집해 있다는 것이 특징적이다. 평양지역과 집안지역 사이에 어떤 종교·문화적 차이가 있는 것으로 추정되기도 한다. 주된 무늬는 동심원 무늬, 왕(王)자 무늬, 연꽃 무늬, 불꽃 무늬, 화초 무늬, 구름 무늬 등이다. 각 무늬별로 어떤 의미가 있는지는 앞으로 많은 연구가 있어야 하겠지만, 상징성을 갖고 있는 것만은 분명하다.

이들 무늬 중 가장 많이 그려진 것이 연꽃 무늬이다. 연꽃 무늬는 시대별로 조금씩 모양을 달리하고 있어 구체적인 종류로는 여러 가지가 있다. 그런데 연꽃 무늬에 대해서는 대개 불교적인 것으로 보아왔지만, 불교 전래 이전부터 연꽃 무늬가 사용되어 왔고, 불교와 관련 없는 신선이 연꽃잎 위에 서 있는 모습도 있으므로, 연꽃이 상징하는 의미는 매우 다양한 것이다. 연꽃은 세계 각국에서 사용된 무늬로 이집트에서는 태양과 재생을 상징하기도 했으며, 중국에서는 천제(天帝)를 상징하거나 태양을 나타내는 존재였다. 또한, 연꽃은 불교와 가장 밀접한 관련이 있는 것은 사실이다. 연꽃은 직접 부처를 상징하거나, 정토세계의 여러 존재를 탄생시키는 존재로 이해된다. 연꽃 무늬만이 그려진 산연화총, 연화총 그리고 장천1호분 널방의 연꽃 그림은 모두 연화세계에서 다시 태어나기를 바라는 불교적 내세관의 구체적 표현으로 보여진다. 하지만, 후기에 들어서 그려지는 연꽃은 불교적 의미가 많이 퇴색하고 보다 폭넓은 신

성함을 나타내는 무늬라고 여겨진다.

대표적인 무덤으로는 산연화총, 연화총, 환문총, 동명왕릉 등이 있다.

사신도 고분벽화

사신이란 동서남북 4방위의 수호신을 말하며, 동쪽에 청룡(青龍), 남쪽에 주작(朱雀), 서쪽에 백호(白虎), 북쪽에 현무(玄武)가 있다. 이들은 모두 상상의 동물 형상이다. 청룡과 백호는 서로 그 모습을 구분하기 어려울 정도로 비슷하며, 주작은 때로는 수탉으로 표현되기도 한다. 현무는 거북과 뱀의 조화로운 형상을 띠고 있다.

사신도는 초기 고구려 고분벽화에서는 천장 부분에 작은 형태로 그려져 있었다. 그러나 후기에 내려오면서 사신도가 고분 전체의 주제가 되면서 고분의 4방위에 각기 한 면을 차지하는 큰 그림으로 그려져 있다. 후기 고분벽화에 나온 사신도는 뛰어난 생동감과 함께 화려한 색채를 자랑하여 예술적 가치가 대단히 높은 것으로 정평이 나 있다.

고구려 사람들에게 사신이란 저승세계로 가는 길을 호위해주는 신으로 받아들여진 것 같다. 무덤을 영혼이 머무는 장소로, 영혼이 저승에 가기 위해 준비하는 장소로 생각했던 그들에게 저승으로 가는 길에 나쁜 기운이 들어오지 못하게 사신도를 벽화 전면에 그린 것이다. 고산리 1호분의 널방에 그려진 백호와 청룡에는 각기 백신(白神)과 청신(靑神)을 나타내는 글씨가 써있기도 하다.

사신도는 현재 남아있는 문헌을 통해서 고찰한다면 중국의 문헌에 기원전 시대부터 등장한다. 그렇다고 해서 그것이 중화 문명만의 것이라고 보기는 어렵다. 한 대의 화상석과 낙랑군에서 출토된 구리거울에서 사신도가 보이기는 하지만, 중국의 고분벽화에서는 사신도가 단 한 번도 벽화의 대주제가 된 적이 없다. 중국의 고분벽화에서 사신의 묘사란 극히 부분적이며, 그림 수준도 지극히 미흡한 수준에 머물고 있다. 반면 고구려에서는 강서대묘의 사신도에서 보듯 고분벽화의 큰 주제로 대접받는다. 이것은 고구려만의 특징이다. 사신도가 그려진 벽화고분은 현재까지 34기나 된다. 사신도는 무용총, 장천 1호분 등에도 그려져 있으나, 사신도가 벽화고분의 대주제로 나타나는 것은 6세기 이후의 일이다.

대표적인 무덤으로는 강서대묘, 강서중묘, 오회분(다섯무덤) 4호묘, 오회분(다섯무덤) 5호묘, 통구사신총 등이다.

사회과고구려유적답서보고서(2005.6.13~6.18.)

5부

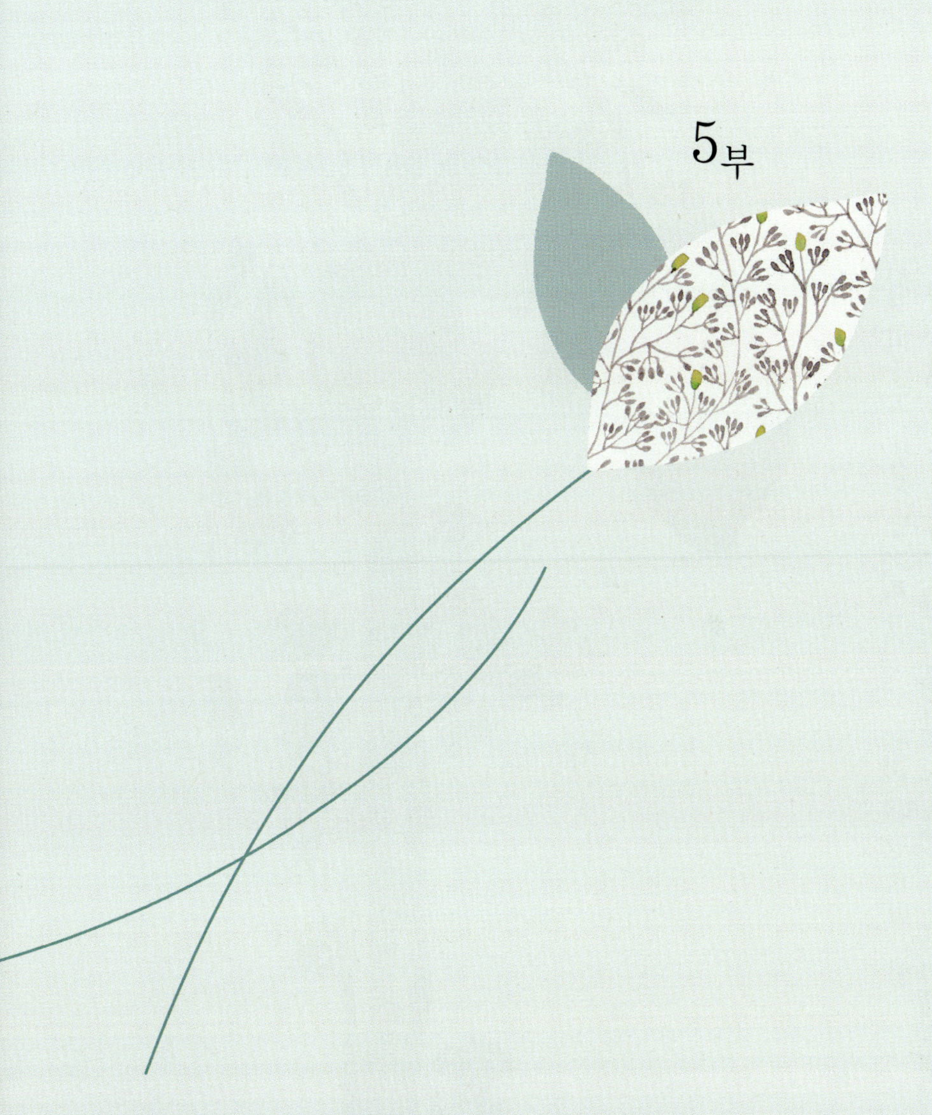

언제던가 무궁하게 마음 닿던 날 그대 가슴은 남국의
빛깔로 물무늬진다.
우정 배순금

찬란한 햇살과 영원이 교차될 때*

뜨거운 눈물

"와아! 장하다 송정현! 빅토리 송정현! 빅토리 이리 초등학교!"

봇물 터지듯 한꺼번에 쏟아지는 우레같은 박수와 기쁨에 들뜬 함성!

"야, 넘었다. 두 바퀴를 넘었단 말이야, 두 바퀴를 깨끗이 넘었단 말이야!"

"화이팅 송정현, 화이팅 송정현"

혜성 고등학교 실내 경기장으로 응원을 왔던 이리초등학교

* MBC 제1회 꿈을 키우는 나무상 최우수상 수상 작품
소재 제공 : 故최한길교장님 , 집필 : 배순금(시인·시조시인·수필가)

어린이들, 또 선생님들, 학부모들은 자리에서 벌떡 일어나 목이 터져라고 외쳐댔다.

경기장 한쪽에서 싸인을 보내고 있던 난 "주루루" 양 볼을 타고 내리는 뜨거운 눈물로 고개를 땅에 떨구고 말았다.

내가 생각해 봐도 너무나 장하고 훌륭한 정현이의 경기 모습 100%에 가까운 성취의 환희와 보람된 열매가 맺히는 심도 높은 순간이었다.

그렇지 않아도 마루 운동의 크라이막스이자 취약점으로 가장 조마조마하게 생각하고 있던 최고난도의 "공중 두 바퀴 돌기" 를 깨끗하고 우아한 포즈로 그리고, 안전하고 훌륭한 착지, 시선이며 손끝, 발끝 하나까지도 모든 게 너무너무 至高한 하나의 예술작품인 것이다. 곧바로 나의 시선은 주심을 위시한 각 심판들의 채점판에 머무르며 주먹 쥔 두 손은 땀에 흥건히 젖어 있었다.

9.5, 9.6, 9.5란 숫자가 내 시야에 머무르자 난 정현이를 꼬옥 껴안고 말았다.

마지막 종목인 마루 운동에서도 당당 1位를 기록하고 만 것이었다.

뜀틀 9.50으로 1위, 평행봉 9.40으로 1위, 평균대 9.45로 1위에 이어 마루운동도 1위 평균 개인종합 1위, 드디어 금메달 5개의 5관왕 기쁜 눈물이 홍수 속에서 체조계의 신데렐라로 부상

된 정현이!

그동안 난 이런 환희의 순간을 기리며 살아나왔던 게다.

"소년체전 사상 체조 부문 첫 5관왕 탄생"

여기저기서 잇달아 터지는 플래시 속에 어린 요정 정현이의 볼은 붉게 상기되었고 또 기자들의 너무 많은 질문 공세에 나와 정현이는 무척이나 얼떨떨하고 당황해했었다.

바로 엊그제의 일 같기만 하고 귓바퀴를 맴도는 기쁨의 함성이 지금도 쟁쟁거리며 울리는 듯한데, 이것은 1983년 5월 제12회 소년체전 때의 일로서 중위권으로 급강하하던 우리 전라북도를 종합 2위로 기어코 끌어 올리는 견인차 역할을 해냈던 일.

5개의 금메달을 보태어 처음으로 종합 2위의 좌에 앉게 되었다.

감격의 눈물을 솟구치게 했던 이야기, 스르르 죄어오르는 해맑은 정현이의 미소가 오후의 햇살과 함께 내 가슴에 쫙 퍼져나간다.

어렸을 적부터

지금 손에 잡히는 追憶으론 난 어렸을 적부터 남달리 그림 그리기, 노래 부르고 듣기 등을 좋아했다.

초등학교 시절, 마을 뒷산에 올라 큰 목소리로 혼자서 노래를 부르고 솔숲 사이로 떠가는 한 점 흰 구름을 바라보며 팔베개를 하고 누워 한 송이 풀꽃 이야기하고 곱게 타오르는 석양에 매료되어 멍하니 한동안씩 시간을 할애하기가 일쑤였던 그때, 땅거미 질 무렵 새끼 산등성이를 타고 내려오는 나의 손에는 은빛 억새풀들이 한 움큼 쥐어져 있곤 했었다. 나와 같은 반 친구 아이들은 씨름도 잘했고, 고따이(주먹 야구), 제기차기, 여학생들 골려주기, 자치기, 또 남의 집 참외 따 먹기 등 야성적인 놀이를 즐겨 했고 서슴지 않았건만, 난 왠지 조용하고 아름다운 것들에 시선이 머무르며 자연을 매우 탐닉했었다.

3학년 때던가 체육 시간이었다. 평소 별로 좋아하지 않던 과목이었지만 그날은 철봉과 뜀틀을 한다기에 호기심을 잔뜩 갖고 해보았다. 난 별로 크지 않은 작달막한 키로 언제나 앞줄에 서곤 했고 그다지 날렵한 체구가 아니었기에 내 차례가 돌아와서 막 달려 나가는 나에게 급우들 중 그 아무도 잘하리라 주시하지 않는 것은 매우 당연한 일이었다. "휙" 짧은 순간이 지나자 등 뒤에서 들려오는 담임 선생님의 목소리, "야, 한길이가 상상외로 잘하는데 응? 아주 잘했어!"

어디 한번 다시 해 봐 의외라는 듯 급우들도 "야!" 하고 소리쳤다.

난 다람쥐처럼 잽싸게 잘도 넘었다.

난 선생님의 그 말씀에 귓불을 붉히우며 가슴이 새가슴마냥 두근거렸지만 더욱 잘해 보일려고 애를 쓰던 일이 떠오른다.

벽촌으로 첫날을

아동기, 소년기를 울안에서만 보낸 난, 처음으로 부모님의 곁을 떠나는「가방을 든 女人」이 아니라「이불 보따리를 든 사내」가 되었다. 무변화 속에 안이한 生活이 싫어 막연히 부모님의 곁을 떠나는 生活을 동경해 본 적도 없지 않았건만 막상 눈앞에 당도하고 보니 어정쩡하니 좋은 건지 싫은 건지 도무지 마음의 안착이 쉽질 않았다.

난 사범학교를 갓 졸업하고 병아리 선생님이 되어 내장산으로 널리 알려진 정읍군으로 발령을 받은 것이었다. 참으로 다행한 일이었다. 아니, 내겐 더없는 하늘이 내려준 큰 복이었다. 나의 취향에 썩 잘 어울리는 고장으로서 봄, 여름, 가을, 겨울의 四季節 연출해 내는 자연의 경관은 나를 자연의 신비 속에 파묻히게 하였다. 그러나 이 신비한 자연의 경관을 좋아하기만은 모든 게 너무나 모자라기만 한 곳이었다.

내가 부임한 운용(雲龍)초등학교는 文明의 이기, 혜택은 전깃불이 들어온다는 가장 기본적인 것이 있을 뿐 너무나도 어처구

니없이 형편없는 僻村이었다.

학교는 구교실이 2간, 신축교실이 3간, 도합 5칸으로 교무실은 복도에 조그맣게 차렸고, 모자란 교실은 뒷동산의 잔디밭이었다.

이러한 벽촌 학교에 어울리듯 아이들의 가정형편도 하나같이 빈곤하기만 해서 내 봉급을 다 털어 도와준다 해도 몇 명일 뿐 한 마리의 물고기를 잡아주는 격이 되고 마는 일시적인 도움으로 그치고 마는 매우 어렵고 가슴 아픈 현실이었다.

적잖은 아이들이 가정의 일을 도와야 하기에 결석하는 어린이는 우선 출석시켜 공부를 시키고 고구마를 심고 가꾸는 일 등 달빛 아래서까지 크고 작게 도와주곤 하였다.

공책이 없어 한 권에다 여러 과목을 같이 쓰는 어린이가 대부분이었던 그때, 스케치북, 크레파스는 유지라 칭하던 몇 집 어린이들을 빼곤 아주 없는 것은 당연한 일이었다. 그러니 예능과의 교육은 말 그대로 거의 백지에 가까웠던 실정에 내가 가장 열심히 가르쳐주고자 했던 예능과 가장 장려시키고 싶었던 과목이 가난의 벽에 부딪히자 실의에 빠져있었다. 그러다가 4月 봉급날이 다가왔다. 난 4月 봉급을 받은 즉시 읍내로 나가 학용품 도매상을 찾아갔다. 크레파스와 스케치북을 도맷값으로 50매씩 구입하였다. 기쁨으로 함박꽃처럼 피어날 아이들의 얼굴을 생각해 보면 무거운 줄도 모르고 나 역시 기쁨뿐이었다. 그동안 크레파스를 가진 애들을 부러워만 하다가 맘껏 그리게 되니 나의 조그만 도움말까지도 모래밭에 물이 스며들 듯 100% 수용되어 계속 그리기 능력이 늘게 되어 처음으로 상이란 걸 타보게 된 것이다. 소년 한국일보 그리기 대회에서 은상 4명을 비롯 입상자가 3명을 제외한 우리 학급 전체 아동이었다. 과연 교육의 가능성이란 무궁무진한 것이었다. 산골 벽지에도 문제아는 있었는데 그 문제아였던 박봉철이란 아이까지도 입상을 하였기에 난 여기서 더욱 기쁨을 안고 교육의 가능성은 무한한 것임을 재 실감하며 아이들을 위해 더욱 헌신해보겠다는 나 혼자만의 마음을 남몰래 다졌던 것이다.

냇물의 조약돌이고저

한낮 8월의 땡볕 속에서는 아침저녁으로 조금 서늘한 감이 돌았다. 그리곤 우리는 9月을 맞으며 어느 사이 방학이 가고 다시 귀여운 우리 어린이들과의 生活이 시작되면서 연중 가장 중요한 행사인 운동회가 거론되고 있었다. 그러나 교장선생님, 교감 선생님을 포함하여 우리 모두 8명뿐인 직원 중에 女教師는 단 1명도 없는 실정이었다. "운동회라면 그래도 마스게임이

들어있어야만 조금이라도 명분이 설 텐데" 하시며 난감한 표정을 짓고 크게 걱정하시는 교장선생님 앞에 난 서슴지 않고 팔을 걷어붙이고 해보겠노라고 나섰다. 그늘 밑에 4학년 54명, 5학년 43명, 6학년 39명을 모여 놓고 정렬을 시킨 뒤 마스게임을 해본 사람이 몇이나 되는지 헤아려 보았다. 그러나 헤아려 본 사람이 그렇지, 모두들 마스 게임은 처음이라는 것이었다.

대강 파악해 본 뒤 난 멋지고 놀랄만한 마스게임을 해 보이겠다고 나의 마음과 굳게 약속했다. 하지만 나 역시 모든 면에 미비 상태인지라 우선 학교에 있는 책들을 모두 들춰봤다.

그러나 운동회 놀이나 마스게임, 춤놀이에 관한 책은 단 1권도 없었다. 실망한 가슴을 안고 인근 학교중 규모가 좀 큰 학교로 책을 빌려볼 셈으로 가보았다. 그곳에도 어쩌면 2권도 아니고 딱 1권이 있기에 잠깐만 빌리기로 하고, 그리고는 읍내 서점에를 샅샅이 뒤져서 또 1권을 샀다. 우선 내가부터 몸에 익혀야 아이들 앞에서 자신 있는 동작을 보여주게 되겠기에 모두들 돌아가 공허와 정적만이 감도는 교실 한쪽에서 큰 거울을 들여다보며 이왕이면 예쁜 동작으로 외우고 익히는데 땅거미가 지고 까만 어둠이 내려도 그런 줄도 모르고 축축하게 땀에 젖은 몸은 피곤도 잊었다. 그리고 어두워짐에 비례하는 커다란 성취감과 만족감에 다음날은 촛불을 켜놓고까지 연습을 했다. 거듭되는 나의 동작 익히기 연습도 점점 숙달되어졌고 남자였지만 싫지 않았고 재미있었다.

난 그해 그 학교로서는 처음인 마스게임을 지도했고 현대무용과 곤봉 또 조립체조를 지도하여 교장선생님으로부터 올해 운동회가 대 성공이었다라는 치하를 받았다. 그리고 그곳 유지들로부터 전에 볼 수 없던 "신식운동회" 였다는 대 찬사에 마음은 깃을 달고 날아갈 듯 피곤도 멀리 달아났다. 학부형님들은 나를 둘러싸고 알밤 하나라도 잘 익은 홍시 하나라도 서로들 내 손에 쥐어주려는 따뜻한 인정이 넘치는 아주 훈훈한 초임지가 짙은 빛깔로 가슴에 남아있다.

과연 난 시냇물 속의 조약돌이었는가!

누군가가 말했듯이 "조약돌이 없이는 시냇물이 흐르는 소리를 낼 수가 없다." 란 이 말을 새겨보며 아이들에게 도움을 줄 수 있는바, 새것으로 자꾸만 깨우치고 익혀갈 수 있게 교량 역할을 해 줄 수 있는 교사이고자, 나에겐 오직 학교와 아이들만이 내 전부로서 기쁨이자 전 재산이었다. 그리고 그렇게 하나하나를 이루어 갈 때마다 난 그 이상의 보람은 없을 거라 만족해하며…

짧은 가을 해는 긴 산그림자를 드리우며 서산으로 기울었다.

도둑으로 몰리기도

떨어질 낙엽조차 없는 계절, 찬바람만 윙윙거리며 거리를 쓸고 지나가는 하얀 겨울, 느닷없이 난 아이들과 헤어져야 했다. 군복무를 위한 일로서 아이들과의 정든 대화는 1년이란 세월의 흐름 속에 고이 접어두어야 했다.

겹겹이 쌓이는 아쉬움은 눈덩이처럼 불어나 별리의 눈물만이 우리들의 가슴을 적셔왔다. 그러나 꽃피고 잎 지고 다시 탐스러운 새순들이 돋아나는 이듬해 봄!

난 관청이란 곳으로 부임하게 되었다.

6학년, 젊음의 열기가 넘치는 내겐 딱 하고 싶었던 6학년.

머리가 굵은 아이들은 교사인 나와 뜻이 잘 교환되는 대신 어려운 일도 많았다.

공부의 태만함에 주의를 받으면 학교에 나오지를 않았고 착하게 비쳐졌던 여자 어린이가 시계와 돈을 훔쳐 가기도 했고 또 머리도 좋고 의욕도 많은데 진학을 못 하는 어린이들 슬픈 눈빛에 축 쳐진 어깨, 난 그런 아이들을 모았다. 그리곤 밤이면 밤마다 숙직실에 모여 밥도 해 먹여가며 너무 헤진 옷을 입은 경순이와 석찬이의 겉옷도 하나씩 사 입히고 공부에 열을 올렸다.

아이들은 靑情의 떠오르는 太陽, 바로 그것으로써 밝기만 했다. 그러니 자연히 봉급은 집에 한 번도 보내준 적이 없었다. 집 생각이 떠올랐을 때는 봉급은 이미 다 바닥이 나 버렸기에 난 아예 집에도 가지를 않았던 것이다.

난 그야말로 아이들의 진학 공부에 혼신의 힘을 쏟았던 게다. 집에서 공부하는 아이들을 위해 밤 11시에서 12시 사이 아이들 집집마다 그때까지 공부하는지 확인해 보고 아이들도 나의 발소리를 기다리게끔 각각 이름들을 불러주면 "네, 선생님." 하고 대답했다. 이제 아이들은 나의 발소리를 기다리게끔 되었다. 그러다가 한번은 "도둑이야" 외치고 나선 태수 아버지 때문에 도둑으로 몰려 혼이 난 적도 있었다. 그리하여 그해의 진학률은 100%, 단 1명의 낙오자도 없었기에 난 교육장으로부터 표창장도 받았다.

피보다 진한 눈물

이렇게 외길의 교육자로서 개선장군처럼 보람과 희열을 느끼며 지내노라니 자연 집과는 연락이 멀어질 수밖에 없었다. 그러다가 난 몽둥이로 뒤통수를 얻어맞은 듯한 事實에 그만 소리 죽여 흐느끼고 말았다.

모처럼, 정말 모처럼 오랜만에 집에를 찾아가 보니 어머니께서 그만 중풍으로 드러누워 계셨던 것이었다.

일어 세우고 앉히고 대소변 모두 뒷수발을 해야만 하는 일, 어머님이나 형수님이나 서로가 몹시 힘든 나날들이었다. 늘 건강하셨던 어머님을 이처럼 뵈오니 눈물만이 줄줄이 흘러내릴 뿐 불효자식이었음에 할 말을 잃었다. 이때의 착잡한 심경이란 그 누가 알까? 피보다 진한 눈물이 있을 뿐. 그 뒤로는 많이는 못되더라도 형님, 형수님께 월급을 나눠서 꼭꼭 부쳐 어머니 약값에 보태 쓰시도록 조그맣게나마 힘이 되어드렸다.

최초의 기계 놀이 지도

아직도 물러날 줄 모르는 동장군의 매서움으로 코끝은 빨갛게 열고 먼 산에 희끗거리는 잔설은 외투 깃을 한껏 높이 세우게 하던 2月末, 난 나의 짐 보따리를 싸 들고 한 번 더 또 다른 안식처를 향하여, 또 다른 새 눈동자들과의 만남을 위하여 발길을 옮겨야 했다. 이곳은 지난번 몸담고 있었던 학교보다도 조금 큰 규모의 학교였다.

이름과 얼굴이 각각 다르게 엇갈리던 3月이 가고 서로가 서로에 익숙해지는 4월이 되면서 난 다시 아이들에 대한 교육의 애정이 활화산처럼 용트림하기 시작했다.

별로 문제를 일으키는 아동이 없었고 그렇게 뒤지는 아이도 없던 터라 난 다시 아동화 지도에 따른 100% 입상을 목표로 정하고 공부가 끝난 뒤 2시간씩 매일같이 지도했다. 주로 물감을 사용해서 붓으로 그리게끔 지도했다. 물감의 혼합을 잘 일러주고 아름다운 색을 내도록 유도했다.

처음에는 구도 잡기에 주력하여 밑그림을 열심히 그리게 했다. 그리하여 그해 호남 초 · 중 · 고 사생 대회에 출전, 최고상을 따냈고 단체상도 받았으며 가을에는 미술 실기 대회에 참가하여 최고상, 우수상 등, 입상의 영광을 안고 무척 기뻤다.

내가 쏟는 정열만큼 아이들에게 바로 나타나는 교육의 성과에 난 또다시 자신을 갖게 되었다. 보람 속에 기쁨 속에 시간 가는 줄 모르는 시공의 연속이었다. 그리고 여기에서부터 난 기계 놀이의 지도를 시도해 보았다. 지금 생각해 보면 체조계에 발 들여 놓게 되는 가장 최초가 되는 셈이었다. 이런 시골 학교 아이들에게 기계 놀이를 한다니까 호기심에 가득 찬 눈초리로 나를 주시하고는 나의 언행, 동작 하나하나까지도 세심히 지켜보는 것이었다. 나는 기계 놀이에 관한 책을 구하기 시작했다. 뭔가 이론적인 튼튼한 밑받침이 필요했기 때문이었다. 밤이나 낮이나 옆구리에 끼고 다니며 눈에 익혔다.

그러나 막상 뜀틀 하나, 매트 하나, 아무것도 없는 채로의 상태에서는 너무나도 막막했다. 처음에는 매트가 있어야 가장 기본인 앞구르기를 해볼 텐데, 궁리궁리 끝에 난 담장 근처인 운동장 한쪽 구석 땅에 물을 수대로 길어다 부었다. 너무 단단해서 한 수 대 정도론 어림도 없어 몇 수 대를 길어다가 부어놓고는 모두 스며들기를 기다렸다.

한참 후에 삽으로 땅을 파기 시작했다. 남학생 몇 명에게는 괭이를 갖고 흙덩이를 부수라고 시켜놓고 매트 놀이할 만큼을 삽으로 파고 나니 온몸은 땀에 젖고 굉장히도 더웠다. 흙을 곱게 몽글몽글하게 만든 뒤 그 위에 가마니를 깔았다. 그래 놓으니 아이들은 그 위에서 좋아라 뒹굴기 시작하면서 기쁘다는 듯 환호성을 질렀다. 매트는 가마니를 대용으로 할 수 있었지만 뜀틀은 별도리가 없어서 빌려올 속셈으로 이웃의 큰 학교에 가보았다. 하지만 그 학교에도 없었다. 다시 읍내 학교를 방문해 겨우 빌려 가지고 터덜거리는 버스에 싣고 오는 마음은 그래도 기쁨으로 충만되어 흐뭇했다. 이렇게 하여 기계운동이 시작된 것이었다. 아이들은 너무 흥미진진하여 깜깜한 밤까지 집에를 안가겠다고 떼를 쓰며 연습했다. 나 역시 조금씩 발전해 가는 아이들을 바라보노라니 그저 기쁠 뿐 학부형님들 앞에서 펼쳐지는 기계운동은 그해 운동회 종목 중 가장 인기가 높은 종목이었고 예쁘고 날렵하게 유니폼을 입고 뛰는 아이들은 전교생들의 선망의 대상이 되어 퍽 자랑스러운 듯 우쭐 대기도 하였다.

내 마음을 울린 지영이의 엄마

1966년 5월 16일 그윽한 라일락 향기가 전신을 감싸고도는 계절, 싱그런 녹음을 잉태한 파아란 수목들. 나의 손에는 이리시 남창초교로 전근되는 발령장이 쥐어져 있었다. 이제는 도시로 나오게 된 것이다. 내심으로 도시아이들은 시골 아이들보다는 환경이 좀 나을 테니까 여러 가지로 교육의 과정 면에서 순조로울 것이다 예측하니 힘이 솟았다.

주지 교과에도 힘을 기울였지만 난 언제나 그랬듯이 우리 반 전체 아이들에게 체육교육에서 소홀하기 쉬운 기계 놀이 지도에 힘을 기울였다.

매일 정규수업 시간이 끝나면 한 명도 빠짐없이 교실의 책걸상을 뒤로 밀어제끼고 가마니를 깔아놓고는 지도했다. 그리곤 틈만 나면 책을 보며 기능 익히기에 대한 지름길을 모색하고 연구했다.

이 학교는 도시 학교였지만 신설 학교라서 강당도 없었고 체육시설이 갖추어져 있질 않았기에 시골 학교에서 쓰던 방법을 다시 썼던 것이었다. 그 뒤 점차 뜀틀, 평행봉, 평균대 등 시설이 갖추어지자 더욱 힘차고 끈질긴 훈련이 계속되었다.

유연성의 운동으로서 기계체조를 배우기 始作하는 10~11세 어린이들은 배우기가 바쁘게 괄목할 만한 실력을 나타내었다.

이렇게 해서 기초 단계를 거의 다 마스터했을 무렵, 교장실에서 내게 호출 명령이 떨어졌다.

"우리 딸은 그런 것, 재주넘고 허리 다칠까 무서운 것은 안 가르칠 테니까 당장 빼줘요, 안 빼주면 다른 학교로 전학을 갈 테니 그리 알아요." 입에 거품을 물고 악을 고래고래 지르는 것은 제일 우수하다고 내심으로 기대를 거는 지영이! 바로 지영이의 엄마였다. "아니, 지영이의 엄마가 저렇다니, 내겐 한마디의 상의도 없이!" 무겁게 가라앉은 마음은 더욱 짙게 아려왔다.

하루 종일 우울한 게 금방이라도 소낙비가 내릴 것 같은 잿빛 하늘 같았다.

지영이의 엄마를 조용히 만나 이해와 설득을 시키는 데는 많은 시간이 소요됐다.

영란이를 들쳐업고

체조를 지도하다 보니 난관도 많았다. 선수로 뽑힌 18명의 아이들이 하나같이 환경이니 신체 구조니 성격이 달라 엄하게 호령을 하다가도 다시 기분을 맞춰주느라 안간힘을 썼다. 그중 애희는 너무도 生活이 구차해서 도시락조차 싸 오지 못했다. 허기가 진 몸으로 체조를 할 힘이 어디서 나올까. 난 아내에게 도시락을 2개씩 싸도록 말했다.

"당신 요즈음 너무 힘드시나 보군요. 해질녘쯤되면 시장하신가 보죠?" 아내는 내가 먹을 건 줄 알았던 모양이었다. "응, 실은 우리 체조부의 애희가 점심시간이면 매일 어딜 간다기에 하루는 슬그머니 따라 가봤더니 다들 점심을 먹는데 점심을 못 싸오게 되니 운동장 끝 언덕에 가서 앉아 있다가 오는 걸 알았어."

난 계속 도시락을 2개씩 싸갖고 다니며 애희에게 먹였다. 그러나 나에게는 또 하나 마음을 찾는 듯한 아픔이 기다리고 있었다. 내일은 서울로 시합 가는 날, 시합 떠나기 전날, 최후 점검을 하던 차에 영란은 그만 다리를 크게 다치고 만 것이다. 영란을 등에 업고 허둥지둥 병원으로 막 달려 응급치료를 시켰지만 퉁퉁 부어오르는 영란이의 다리는 나의 마음을 울렸다. "선생님 전 내일 대회에 꼭 나갈래요." "안 된다. 이런 몸으로…" "아니에요. 할 수 있어요, 할래요." "안 돼, 다음 대회에나 뛰도록 해 응?" 이렇게 말하고 있는 나의 마음은 울고 있었다.

뛰지 말라는 나의 말엔 한마디 대꾸도 없이 영란은 다리에 붕대를 빙빙 둘러매고는 악을 쓰고 뛰었다. 슬프고 가슴 아픈 일의 연속만은 아니었다. 남자 종합 2위, 여자 3위에 이어 기쁜 일이 터져 나왔다. "개인 우수상에 김영란" 하고 호명되자 우린 얼싸안고 울었다. 이것은 Y.M.C.A 대한 체조 협회 주최로 열린 전국초등학교체조대회 때의 일이었다. 그 후 영란은 서울

체육고등학교에서 주장을 맡았었다.

우리 체조 선수단은 서울이나 전국 규모로 열릴 때마다 1위는 힘들었어도 2위나 3위는 맡아 놓고 했지만 지방에서 열리는 체조대회란 체조대회는 모두 1위를 휩쓸었다. 종목 종목마다 개인 1위에서 6위까지 또 단체 1위, 종합 1위 등 1위가 아니면 이상할 정도였다. 이이들과 나는 일심동체가 되어 정신적인 육체적인 합일점을 찾았다고나 할까, 이 모두 나의 젊음을 불태운 열과 성의 산교육의 보람, 잘 따라주었던 아이들 이렇듯 알차게 세월은 영글어갔다.

당신은 체조와 결혼한 사람

내가 집에 머무는 날은 정해져 있었다. 그것은 시합이 끝난 뒤 하루 아니면 이틀 간 뿐인 것이다.

그때 난 가슴을 울리는 듯 쿵 하는 마음의 소리를 들었다. 외로움 속에 버려두어 어느 사이 그런 것들에 아주 익숙해져 버렸고 친해져 버린 내 아내와 아이들!

오랜만에 얼굴을 맞대는 순간임에도 모두들 무표정인 채 맹숭맹숭하다니, 아! 난 나의 딸 미란이를 안아 보았다. 아빠의 얼굴은 어쩌다가 한번 볼까 말까, 아내에 대한 포근한 남편의 정과 아이들에 대한 따스한 부정은 이미 체념해 버린 듯 난 차가운 이방인이 되어 갔고 엄마에게만 찰싹 달라붙어 내겐 정감이 어리지 않는 눈빛으로 가까이 오지도 않는 어린 딸아이의 행동이 목전의 현실임에 가슴이 찡하니 울려왔다.

그러나 아내는 나의 체조에 대한 집념을 반대하거나 귀가 마다는 말은 별로 하지 않았다. "당신은 체조와 결혼한 사람!" 내가 제일 마음 상할 때도 딱 한 마디 하는 말이 있었다. 내가 체조와 결혼을 했다면 아내는 교회, 하느님과 결혼한 듯이 열심히 교회에 나가 손 모아 지아비와 자식들의 건강을 기구하곤 했었다.

너무도 눈물겹고 고마운 아내의 처신이었다. 1년이면 집에 없는 날이 더욱 많아져 버린 나에게 아내는 사랑의 묘약이랄까 나에 대한 따스한 애정은 이미 체념해 버린 듯 오로지 하느님과의 生活이었고 아이들의 교육에 뒷바라지하는 데만 몰두했다. 내가 심혈을 기울여 쌓아 올리는 성의 아주 든든한 마음과 정신의 커다란 지주 역할을 하고 있었던 것이다. 그러한 아내의 건실한 생활에 한 조각 편안한 마음으로 더욱 체조에 열을 기울였다.

나의 신념과 모토

지난 1968년도 전북 체육대회 때는 우리 학급 전체인 체조부가 전주 공설운동장에서 시범 경기를 보여주어 그 당시 설인수 교육감님은 로열박스 스탠드 밑 운동장까지 내려와 아이들의 손을 잡고 일일이 격려해 주시던 일은 지금도 기쁨으로 가슴에 남아있다. 체조경기란 끈질긴 집념과 정열을 필요로 했다. 언제나 단계적인 지도 방법으로 하나의 기능을 익히게 되면 50~60%정도의 수준에 달할 때까지는 개개인을 지도한 후 다른 아이들을 돌봐줄 때 혼자서 기능을 연마토록 했다.

다른 운동도 마찬가지겠지만 이 체조란 운동은 하루만 쉬어도 몸의 유연성이 감소되어가기에 눈이 오나 비가 오나 몸의 컨디션이 좋지 않아도 언제나 강당에서 헤어날 줄을 몰랐다. 집안의 애경사가 닥칠 때면 애사에는 잠깐 틈을 내어 다녀왔고 경사에는 나의 뜻만 전할 뿐 온통 체조에 불사르는 시간과 공간과 나의 젊음이었다. 365일 내내를 연속적인 지도로서 사회와 가정엔 두툼한 벽을 쌓고 오로지 단 한치라도 앞을 보고 향상되는 데에만 生의 기쁨을 싣고 앞으로 앞으로 헤쳐나가는 나의 배는 전진을 계속할 뿐이었다. 난 체조 지도를 하는 데 있어서 나의 확고한 신념과 모토를 정해놓았다. 모든 운동의 지도과 정에 있어서 간혹 매질이 필요할 때가 없지 않았다. 달리는 말에도 채찍질을 하면 더욱 잘 달릴 수 있다고 옛 성현의 말이 아니라도 강인한 정신력을 소유하려면 이따금 필요불가결하게 사랑의 매질이 필요할 것이지만 난 나의 손에 매를 결코 쥐어 본 적이 없다. 그리고 그 흔한 욕설도 해 본 적이 없는 것이다. 한마디로 이것이 나의 체조 지도에 있어서 신념이요 모토였다. 학교, 큰 실수도 감싸주고 다독거려 주는 방법을 택하여 적용하였다. 잘못을 지적하기보다는 "조금만 더" 라는 용기가 가미된 말로서 또 작은 성취에 아주 큰 격려와 칭찬으로서 실의와 좌절을 배제하고자 무던히도 애를 썼다.

줄줄이 터져 나오는 우승컵과 우승기

이렇게 끊임없는 계속적인 지도로 71년 제7회 전국체조대회 때도 개인 1위, 개인 2위, 76년 제3회 문교부 장관기쟁탈 체조대회 때는 준우승 77년 제4회 때 역시 준우승, 각종 체조대회는 모두 출전했고 가는 곳마다 우승 아니면 준우승의 승전고가 울려 퍼졌다. 그리고 나 역시 69년도부터 계속 공로상과 지도상을 아울러 받았다. 또 "전북 매일 교육상도 수상하여 난 한복으로 곱게 차려입은 아내와 함께 시상식에 참석하여 아내를 처음으로 기쁘게 해주는 기회가 되었고 처음으로 부부가 함께 외식도 해 본 것이었다. 그리고 70년도에는 문교부 장관으로부터 모범 공무원상을 받게 되었고 78년도엔 문교부 장관으로부터 표창장도 받았고 79년도 12월에는 11회 모범 공무원상을 총무

처장관으로부터 받았다. 실로 눈물겨운 이 순간순간들은 나의 뼈와 살을 깎은 교육의 보람이자 열매임이 분명하였지만 상을 받으면 받을수록 두 어깨는 천근이나 되는 것처럼 더욱 무거워 왔다.

78년 9월 1일 제3회 K·B·S배 쟁탈 전국 체조대회에서 단체 준우승, 제4회 K·B·S배 대회 때도 단체 준우승 개인 2위, 8회 K·B·S배 때는 단체 3위, 문교부 장관 쟁탈 체조대회로는 제7회 때 단체 2위, 8회 때 단체 3위

코마네치, 빌리킴 등 체조의 정상들을 보다

계절의 女王 5月, 화사한 봄꽃들이 나를 유혹함에도 여전히 강당에서 체조에만 열을 올리고 있는 나에게 하루는 중앙에서 연락이 왔다. 그때가 그러니까 1979년의 일이었다. 월드컵 세계 체조대회의 조사연구원으로 참가해달라는 기쁜 소식이었다. 1979년 5월 31일부터 6월 10일까지 동경에서 열린다고 했다. 나의 일생에 있어서 첫 외유인 것이었다. 단순히 해외 나들이에서 오는 설렘뿐이 아니었다. 세계 체조의 정상들이 모여 뛰는 현장을 직접 볼 수 있게 된 것이 체조를 지도하는 나에겐 얼마나 큰 행운이며 득(得)인가? 국가에 대한 큰 고마움이 내 마음에 넘치고 있었다.

난 그곳에서 루마니아의 코마네치, 소련의 넬리 · 킴 등 그 밖의 외국 선수들이 펼치는 체조를 유심히 살피며 익혔다. 정말 아름답고 우아하고 정확한 동작들이었지만 나에게 커다란 가능성을 피부로 직접 느끼게 해주는 좋은 기회가 되었다. 동양인으로서 체구의 핸디캡만 아니라면 우리 아이들도 넉넉히 따라잡을 수 있을 거라는 확신을 얻은 것이었다. 10일간의 훌륭한 경험을 쌓고 돌아온 날, 더욱 박차를 가해 맹훈련에 돌입했다.

갯내음을 안고온 소녀

1980년도 한해의 아쉬움만 남긴 채 점점 이즈러지던 겨울, 강당에 난로를 지펴놓고 아이들에게 군밤과 귤을 먹여가며 훈련을 거듭하고 있던 나는 눈이 동그랗고 새하얀 피부를 가진 쪼그만 소녀를 만났다. 서해안인 옥구군 미성읍 연도국민학교 3학년에 다닌다는 이 작은 바닷가 소녀는 평소 알고 지내는 연도초등학교 조성식 선생님의 손을 잡고 나를 찾아 따라왔다고 했다. 체격이나 리듬감이나 등등이 체조를 시켜보면 어떻겠느냐고 나에게 테스트 겸 뵈이러 왔다고 했다.

울안에 갇혀 있다가 나온 병아리처럼 어리벙벙한 표정과 두리번거리는 촌스러운 몸가짐은 때 묻지 않은 순박함과 몸에 절은 갯내음으로 차라리 나에게 짙은 연민의 정을 솟구치게 하였다. 군산에서 어청도 행 배를 2시간가량 타고 가면 연도라는 조그만 섬이 보인다. 그 섬에서 살다가 온 이 소녀가 바로 제12회 소년체전에서 체조계의 요정으로 혜성처럼 부상된 송정현이었다. 난 그 아이에게 연습하고 있는 언니들을 잘 눈여겨보라고 이르고 한 20~30分 지나서 기본적인 동작 몇 개를 따라서 해보라고 했다. 부끄럽고 낯선 곳이라서인지 팔도 제대로 쭉쭉 펴질 못했다. 그러나 쭉 곧은 다리며 이국적인 마스크며 어느 정도 가능성이 있을 듯싶었다.

"얘, 너 체조가 하고 싶니?" "(끄덕끄덕)" 그 아이는 대답대신 고개를 끄덕거렸다. "그럼, 엄마, 아빠와 헤어져 있어야 하는데?" 그 말엔 잠시 머뭇거리더니 조그만 목소리로 "예" 하고 대답했다.

그날 정현이는 나를 따라 우리 집에 왔다. 어디에 있을 곳도 적당치 않아 나의 집으로 데리고 온 것이었다. 그날부터 정현이는 우리 집 식구의 일원이 되었다. 아내는 내가 정현이를 집에 데려다 놓자 반가이 맞아주었다. 그렇지 않아도 아주 지극한 크리스챤이었고 애정을 고루 분배하는 아내의 성격을 나는 잘 알기에 아무 부담 없이 데리고 왔던 것이다. "미란이가 동생이 생겨서 좋겠구나. 그렇지 않아도 오빠는 오빠들끼리만 친하게 지낸다고 투정을 부렸는데 이름이 정현이라고 했지? 우리 미란이 하고 즐겁게 지내보려무나. 미란이가 12살이고 정현이는 10살이니 미란이는 언니 정현이는 동생, 그렇지?" 정현이의 서먹거리는 얼굴 위로 미소가 조금 스치는 것 같았다.

생선을 좋아하고

다음날 정현이는 이리초등학교 3학년 학생이 되었다. 전입수속을 마친 것이었다. 그리 고는 오후엔 남아서 다른 체조부원들과 함께 훈련을 받았다. 처음엔 입을 떼지 않아서 나의 애를 태우기도 했다. 도무지 아무 말을 않는 것이었다. 집을 떠나온 지 한 석 달이 될 때까지도 정현이는 고향의 향수에 젖어 있는 듯 아무 말도 없이 시무룩했다.

군산에서 어청도 행 여객선을 타고 약 2시간쯤을 가면 연도라는 섬이 있었다. 조그만 섬에 서 태어나 섬에서 자라며 보이는 것은 크고 작은 배들과 쉼 없이 나르는 갈매기 떼들의 울음소리뿐 500m 이내의 생활 반경으로 우물 안 개구리마냥 단조로운 생활만 하다가 많은 차, 많은 사람, 시끄러운 주위 환경의 갑작스러운 도시 生活에 정현이는 6개월이 되도록 적응을 못했다. 그리고 바닷가 소녀라서인지 생선과 육류를 매우 좋아했다. 나를 위시하여 나의 가족들은 모두 채식을 즐기는 편이었지만 식탁에는 최소한 생선 한 토막이나 멸치조림이라도 꼭 있어야 했다. 놀이도 한정이 되어있었다.

조그만 돌멩이를 가지고 하는 공기받기와 2줄의 실을 가지고 놀이하는 실떼기로 그 외의 것은 순전히 모르고 있었다. 우리 집에선 제일 막내로서 나의 아들 둘은 정현이를 미란이와 함께 굉장히도 아껴주었다. 인제는 "오빠, 오빠"하며 매우 잘 따랐다.

나는 자전거를 타고 출근했다. 내 성미는 유별나서인지 자전거 뒤에 아무도 태워주질 않는 게 불문율이었지만 정현이만은 특별한 열의로서 항상 내 뒤에 태우고 등교했다.

손에는 군산행 기차표가

내일은 즐거운 어린이날이었다. 나와 아내는 정현이에게 전주 동물원을 구경도 시켜줄 겸 우리 가족이 모두 야유회를 갖기로 결정하고 음식이며 산뜻한 옷이며를 준비했다. 모두 갈 차비가 완료되어 막 일어서려는데 뜻밖의 일이 벌어졌다. "선생님, 전 안 갈래요. 제가 집을 지키겠어요." "왜 그러니? 네가 오늘 주인공인데 네가 안가면 어떻게 되지? 미란이나 오빠들도 동물원에 진즉이 다 구경했었던 것이고 정현이 너를 위해 가는 건데…" 정현이는 울기 시작했다. "흐흑…" 평소 내성적이라 별로 말이 없던 정현이는 엄마, 아빠의 그리움에 너무 지쳤었나 보았다. 끝내 안가겠다는 정현이의 고집은 그냥 안방으로 야유회를 가고 말았다. 그래도 밥은 맛있는지 잘 먹었다. 쌍꺼풀이 고운 눈매에 웃음이 감돌았다. 그날 오후 난 일이 있어 외출했다. 집에 돌아오니 아내는 집에 없었고 미란이만 남아 훌쩍거리며 울고 있었다. "아빠, 정현이가 없어졌어, 가방도 없어지고…" "응? 뭐라고" 난 깜짝 놀랐다. 내가 데리고 있는 한 난 부모의 역할까지 다 해야 할 의무가 있는데 어디로 없어졌다니. "학교에 갔나?" 아니면 "누가 꼬여갔나?" 별별 생각을 다 하며 동네 부근을 두리번거리다가 혹시 하며 학교에 가봤지만 그날은 공휴일로 하루 쉬는 날이라 텅 빈 강당이었고, 아무 데도 눈에 띄질 않는 것이었다. 더욱 답답하여 콱 막힐 것 같은 마음은 인제 다급해지기 시작했다. "누가 유괴해 갔는가?" 하는 생각도 들어 난 파출소에 신고도 해 놓았다.

집에 돌아와 보니 아내와 미란이만 근심에 싸인 채 핼쑥해져 앉아 있었다. "번뜩" 스치는 생각이 있었다. 난 자전거로 잽싸게 이리 역전에를 가보았다. 혹시 하며 군산행 열차 창구에를 주욱 훑어보니 그곳에도 없었다. 그때 옆에서 "선생님" 하며 툭 튀어나오는 것은 바로 정현이었다.

손에는 군산행 열차표가 쥐어져 있었다. 정현이는 나를 잡고는 엉엉 울어댔다. "선생님, 나 집으로 보내줘요. 집에 갈래요." 선생님도 좋고, 사모님도 좋고 언니, 오빠도 모두 좋지만 엄마랑 아빠랑 보고 싶어 못 견디겠다면서 펵펵 울었다.

빈 제과점에 가서 맛있는 생과자를 먹이며 정현이의 울적했던 향수를 달래주었다. 그리곤 여름방학이 되면 나랑 같이 엄마, 아빠 만나러 가자고 타일렀다. "정현아, 네가 지금 이렇게 체조의 실력이 늘었는데 그곳 바닷가에 가면 어찌 되겠니? 엄마, 아빠도 그러시지 않았니? 선생님을 아빠로 알고 지내라고." 정현이는 눈물을 닦고 고개를 끄덕거렸다. 어린 나이의 정현이었지만 참을성도 많았다. 이러한 일은 가끔가다가 한 번씩 일어나 나를 놀라게 했지만 한 살의 나이를 더해감에 따라 점차 희미해져 갔고 미란이 와는 둘도 없는 단짝이 되었다. 하루 이틀 체조의 훈련은 꾸준히 계속되었다.

그 섬광의 예시

내일은 12회 소년체전이 시작되는 날, 우리는 전주에 있는 명지여관에 머물렀다. 내일 있을 경기에 대비해 간단히 몸을 풀고 푹 잠을 자도록 했다. 하늘에선 굉장히 새하얀 빛이 땅에 내리고 있었다. 그 섬광은 유독 정현이의 머리 바로 위에서 정현이만 비춰주고 있었다. 난 그 빛이 조금 이상한 감이 들어 "정현아, 이리 와 봐 내 곁으로" 해서 정현이가 내 곁으로 오니 그 빛은 또 따라와 이제는 나와 정현이의 머리만 비추고 있을 뿐 다른 곳은 캄캄한 어두움뿐이었다. 난 그 빛을 피해 정현이를 데리고 다른 곳으로 자리를 옮겨봤지만 여전히 그 섬광은 나와 정현이만 귀찮게 따라다녔다. "에잇" 하며 놀라 깨어보니 그것은 바로 꿈이었다. 이상한 꿈도 다 있구나 생각했지만 아무에게도 말하지 않은 채 그날 경기에 임했다. 정현이는 그날따라 컨디션이 그렇게도 좋아 보였다. 그러더니 소년체전 사상 처음 있는 5관왕 종목 종목마다 1위를 마크하는 정현이 나와 정현이의 머리 위에서만 맴돌던 꿈속의 그 섬광이 우리에게 미리 예시를 해주었던 것인가.

그날 금메달 5개를 목에다 주렁주렁 걸어주던 대한체육회장은 흰 봉투에 격려금도 주었고 체육부 장관께선 정현이를 꼭 끌어안아 주기도 했다. 또 도지사와 교육감님으로부터의 대찬사 카퍼레이드 등 영예를 한 몸에 안았던 것이다.

청와대에 초대된 오찬회

그해 가을 나와 정현이는 청와대의 오찬회에 초대되어 처음으로 청와대를 가보았다. 소년체전 유공자로서 체조 부분 5관왕과 한국 육상 신기록 수립자 또 수영 4관왕, 또 지도자들. 정현이는 대통령 내외분에게 많은 귀여움을 독차지했었다. 정현이는 대통령 내외분과 동석하는 헤드 테이블에서 맛있게 먹으며 기쁨에 어쩔 줄을 몰랐고 나 역시 매우 큰 기쁨이었다. 대통령 내외분께서는 정현이에게 푸짐한 선물도 하사하셨다. 그때 제일 기억에 남는 것은 “체조하는 경기는 언제나 음악이 흐르는 곳에서 훈련을 하면 더욱 성과가 클 것이” 라는 말씀이었다. 그 말씀에 난 크게 수긍하며 지금은 녹음기에다 음악을 틀어놓고 지도하고 있다.

1983년 11월 31일 나와 정현이는 일본에서 열리는 “쥬니찌컵 국제 체조대회” 에 참가하는 특전을 받았다. 대통령 내외분께 드리고 싶은 고마움은 하늘 같았다.

11월 31일부터 12월 11일까지 동경, 나고야, 시고꾸(마르야마)를 거쳐 관람하고 돌아오는 우리에겐 체조에 대한 끊임없는 연구로 한국 체조를 세계 체조와 겨눌 수 있도록 해볼 결심으로 더욱 더 굳어지고 있었다. 내가 길러낸 체조선수 중 국가대표를 거쳤거나 지금 뛰고 있는 아이들은 모두 7명이다. 지금 정현이는 국가대표로 태능 선수촌에서 열심히 뛰고 있다. 까맣고 머리가 어느덧 백발로 희끗거리는 지금 나의 육신과 정신은 온통 체조로 엮어진 일생 아내의 말대로 “당신은 체조와 결혼한 사람” 이란 말은 묘한 뉘앙스를 가져다 둔다. 난 강당에서 체조에만 몰두하고 있다. 그러나 오늘도 난 강당에서 체조로 시작된 하루를 체조로 마무리하며 체조 속에 묻혀 지내고 있다.

평설

추억의 강에서 건져 올린 서정의 탑

안 도

문학평론가, 전 전북문인협회 회장

봄바람에 활짝 피어 풍류와 부귀가 넘쳐흐르네
이천이십사년 봄날 유청

추억의 강에서 건져 올린 서정의 탑

안 도

문학평론가, 전 전북문인협회 회장

들어가면서

일찍이 '루이스'는 인간은 태어나면서부터 문인이라고 말했다.

태어나면서 처음 내는 고고의 울음소리가 바로 세상을 향한 몸짓이기 때문이다. 배순금 수필가는 싫든 좋든 자신의 정서를 표출하며 살아왔고 앞으로도 그렇게 살 것이다.

그의 수필을 읽으면서 무수한 저항 속에서 살아왔지만 때로는 환희 속에서도 살아왔음도 엿볼 수 있었다.

그리고 인생은 추억을 먹으며 다가올 미래를 향하는 존재이기에 이런 삶들도 지나고 나면 아름다운 추억이 된다는 것도 알았다.

지나간 삶을 통해서 자신을 추스르고, 아름다웠던 낭만을 되새기며 추억에 젖어보기도 한다. 배 수필가의 주옥같은 수필을 읽으면 독자들도 지난 삶을 건져 올리리라.

배 수필가의 수필을 받아들고 그의 수필 세계를 눈여겨 보았다. 깊이 있는 사유로 빚어내는 수필가이기 때문에 문장마다 눈에 톡톡 띄었다. 배 수필가는 우리 정서를 일깨우는 데도 일가견이 있다.

그의 수필을 읽어보면 깊은 산사의 풍경소리처럼 맑은 사색이 돋보인다. 그의 삶이 반듯하기 때문에 그럴 수밖에 없다는 생각이다.

체험의 수필은 힘이 있고 공감을 얻을 수 있다. 그러므로 체험을 바탕에 둔 수필은 작품성과 더불어 독자의 공감을 획득할 수 있다.

배 수필가의 수필은 체험에서 우러나오기에 독자에게 호소력이 있고 감동을 줄 수 있는 힘이 있다.

추억의 강에다 수繡를 놓듯

배 수필가의 수필을 읽노라면 한 편의 영화처럼 지난날이 환하게 떠 오른다. 추억의 강가에서 건져 올린 추억의 조각들이다.

그의 수필은 교단생활의 정겨운 추억들이 고스란히 담겨있다.

루이스가 말하기를 '수필은 이미지다.'라고 했다. 이미지는 수필의 주요 구성 요소 중 하나다.

배 수필가의 수필은 서사와 서정이 함께 어우러진 영상문학이다. 지나간 추억을 진솔하게 묘사함으로 공감을 획득하는 수필이다.

우리의 옛날은 대부분의 고달픈 생활들이었다. 그런데 돌이켜 보면 어려웠던 그 시절도 행복했다. 시인 박목월도 살면서 숟가락부터 시작해 살림살이를 하나하나 모으는 재미가 쏠쏠했다고 했다.

그 어려운 생활을 청산하고 집을 마련했을 때의 기쁨은 말로 표현할 수 없었다고 했다.

배 수필가의 수필을 읽으면서 필자도 옛 모습이 눈에 선하게 떠올랐다. 너무 슬퍼서 때로는 기뻐서 잠을 설쳤던 그런 심정을 잘 표현해 많은 공감이 갔다.

배 수필가는 기쁘고 슬픈 감정을 절제하면서 속마음을 극대화시켜 놓았다. 서민들의 희로애락의 모습을 디테일하게 그려 놓았다.

배 수필가는 특히 서민적인 진솔한 마음을 잘 표현하고 있다.

그의 수필은 경험에서 우러나왔으므로 힘이 있고, 독자들의 공감을 얻을 수 있다.

그의 수필은 거짓이 없다. 동시대를 살아가는 사람들의 모습을 진솔하게 그려놓았다. 그러므로 작품마다 수를 놓듯 삶의 체험들이 수필 속에 옹골차게 앉아있다.

나가면서

원고를 받아 읽으면서 주옥같은 문장들을 하나하나 논하고 싶었지만 읽으면서 문득 술을 좋아하는 내가 술을 마시면서 술맛을 얘기하듯 디테일하게 썼다.

그의 수필은 누구나 한 번쯤 겪은 이야기라 희로애락이 절로 우러난다. 공감이 가고 재미도 있다.

동시대를 살아가는 우리들이 겪었던 이야기다.

배 수필가의 수필은 우리 일상에 얽힌 평범한 이야기들, 체험에서 우러나온 이야기들로 향기가 난다.

배 수필가도 이제 아름다운 추억의 언저리를 넘어가고 있다.

한 시대를 넘어온 오늘날 팍팍한 삶 속에서 옛 맛을 느낄 수 있어서 흐뭇하다.

우리는 누구나 추억을 간직하고 있다. 인생의 겨울에 붙은 고드름과 유년의 고드름을 대비시켜 본다.

배 수필가는 가슴으로 수필을 쓴다. 그러므로 잔잔한 울림을 주고 있다.

수필가는 영혼의 닻을 올리는 사람이다.

이 수필집 속에는 사무치게 그리운 필자의 마음이 잘 나타난다.

수필 거의가 체험 속에서 우러나온 작품들이기에 울림을 더해 주고 있다. 묵은김치 맛 같은 수필이다.

배 수필가의 수필은 감성보다는 인간의 갈 길을 제시해 주고 있다.

모든 일들이 무의미 속에서 의미를 찾아 나서는 게 아닐까?

인간은 흙에서 흙으로 돌아가는 초라한 허상이다. 배순금의 수필은 감동과 함께 깊은 사유에서 우러나온 철학이 들어있다.

하찮은 미물보다 더 보잘 것 없는 우리들의 모습을 투영시켜 준다.

인간은 자아 성찰로 이루어졌다. 인생은 강물처럼 흐르는 것이다.

무에서 왔다가 무로 돌아간다.

'이룰 수 없는 것이 더 아름답다.'는 역설적인 묘사가 수필의 미적 감각을 높인다. 인생은 긍정적으로 생각하고 감사하는 마음으로 살아가야 한다. 허무한 인생사, 아무것도 할 수 없는 것이 우리들의 삶이 아닌가?

이 수필집은 인생을 관조하는 자세가 잘 드러난 수필들이다. 체험에서 우러나온 수필이기 때문에 신선하다. 독자들에게 잔잔한 울림을 주는 수필들이다.

배순금의 수필을 '추억의 강에서 낚아 올린 서정의 탑'이라 부르고 싶다. 부디 승승장구하기를 소망한다.

배순금 수필집

사랑, 그 보이지 않는

인쇄 2025년 12월 24일
발행 2025년 12월 30일

지은이 배순금
발행인 서정환
펴낸곳 수필과비평사
주소 서울시 종로구 삼일대로 32길 36(익선동 30-6 운현신화타워) 305호
전화 (02) 3675-3885 (063) 275-4000
팩스 (063) 274-3131
이메일 essay321@hanmail.net
출판등록 제300-2013-133호
인쇄 · 제본 신아문예사

ISBN 979-11-5933-626-3 03810
값 15,000원

Printed in KOREA

*이 책자는 전북은행과 재)전북문화관광재단, 익산문화관광재단의 「2025 원로창작이음지원사업」 지원으로 제작되었습니다.